AF367871

TABLEAU DU MONDE

ANCIEN ET MODERNE,

DIVISÉ EN TROIS PARTIES:

La I. contient la division du Monde en 7 âges, les époques les plus célebres de l'Histoire depuis Adam jusqu'à present : le partage de la Terre entre les enfans de Noé, l'établissement & la décadence des 4 Monarchies, des anciennes Republiques ; & comment de la derniere des 4 Monarchies, qui est celle des Romains, se sont formez presque tous les Etats qui subsistent aujourd'hui, &c.

La II. est une courte description des 4 Parties du Monde, contenant ce qu'elles produisent pour l'utilité des hommes, les Mœurs, la Religion & la Langue de toutes les Nations.

La III. enfin est un recueil de toutes sortes de remarques curieuses, parmi lesquelles on trouvera l'origine des Arts & des Sciences.

A PARIS, AU PALAIS,

Chez CLAUDE PRUDHOMME Libraire, au sixiéme Pilier de la Grande Salle, vis-a-vis l'Escalier de la Cour des Aydes, à la Bonne-Foi couronnée.

M. DCC. XXX.

Avec Approbation, & Privilege du Roi.

AU LECTEUR.

E Tableau n'eſt propre-
ment qu'une eſquiſſe de
l'Hiſtoire univerſelle, ancienne & moderne; ou
plûtôt ce ſont les épo-
ques ou évenemens les plus remar-
quables de l'une & de l'autre. On
commence par la diviſion de la durée du Monde en ſept âges, & on
rapporte en détail, mais ſuccincte-
ment ce qui s'eſt paſſé en chacun,
depuis la création du monde juſqu'à
preſent : ſçavoir, le partage de la
Terre entre les enfans de Noé; l'E-
tat des Juifs ſous les Patriarches,
ſous Moïſe, ſous les Juges & ſous
les Rois; l'établiſſement des quatre
grandes Monarchies; celui des anciennes Republiques; la durée & la
décadence des unes & des autres,
& comment de la derniere de ces
Monarchies, qui eſt celle des Ro-

mains, se sont formez presque tous les Etats qui subsistent aujourd'hui en Europe, avec les changemens qui y sont arrivez. On y a joint une courte description des quatre Parties du Monde, qui met sous les yeux tout ce que chaque Païs produit pour l'utilité des hommes; les Mœurs, la Religion & la Langue de toutes les Nations. La troisiéme Partie, qui est la plus ample, ne sera peut-être pas ce qu'il y aura de moins interessant, puisqu'elle contient une infinité de Remarques curieuses, avec l'origine des Arts & des Sciences; le tout rangé par ordre alphabetique pour une plus grande facilité.

TABLEAU DU MONDE

ANCIEN ET MODERNE.

PREMIERE PARTIE.

Les Epoques les plus considerables de l'Histoire ancienne.

La lettre N signifie le nombre des Rois, & le D la durée du regne de ces Rois en general.

N a coûtume de diviser la durée du Monde en sept âges, comme on divise la semaine en sept jours.

I. AGE, *commence avec le monde, & s'est terminé au Déluge, & comprend* 1656 *ans,* 1 *mois &* 20 *jours.*

Ce I. âge nous represente la création du ciel & de la terre & de tout ce qu'ils

A

contiennent, avec celle de l'homme & de la femme, aufquels Dieu affujettit toutes les créatures.

Heureux s'ils fuffent demeurez dans leur premiere innocence, mais leur defobéiffance influa tellement fur leurs defcendans, que leurs crimes déterminerent Dieu à les punir par un déluge univerfel.

987. Henoc pour avoir marché devant Dieu, fut enlevé dans le Ciel.

1656. Noé entre dans l'Arche avec fa famille, & alors commença le déluge. C'eft vers ce tems que l'âge des hommes diminuë, & que la chair des animaux eft fubftituée aux fruits de la terre.

1657. Noé fort de l'Arche, ce qui fait le II. AGE, *qui s'eft terminé à la vocation d'Abraham, en 2083, & il comprend 426 ans, 4 mois & 8 jours.*

1658. Les fils de Noé, Sem, Cham & Japhet, commencent à cultiver la terre.

1671. Noé plante la vigne, &c.

1788. Les enfans de Noé s'étant fort multipliez, ce Patriarche partagea la terre entr'eux. Ce fut vers la naiffance de Phaleg, qui fignifie Divifion.

L'Afie occidentale, depuis les Monts Taurus & Aman, & toute l'Europe, échut à Japhet.

La Syrie, l'Arabie & toute l'Afrique à Cham, & Sem eut toute l'Afie orientale.

1854. Conftruction de la Tour de Babel, où Dieu pour punir leur vain projet, confondit leur langage, ensorte que ne s'entendant plus, ils furent obligez de se séparer.

1879. I. Monarchie des Assyriens dont Nembrot jetta les premiers fondemens.

1890. La plus ancienne, après celle ci, est celle de Sicioniens, dont le I. État a duré 964 ans, sous 26 Rois.

III. Age, 2083. *Il a commencé à la vocation d'Abraham 1921 avant J. C. & s'est terminé à la délivrance du peuple Juif de l'Egypte 2517, & comprend 430 ans.*

Ce troisiéme âge continuë le I. État des Juifs sous les Patriarches, 1511 avant J. C. auquel tems Moïse délivra les Juifs de la servitude d'Egypte : mais Pharaon ne consentit à leur sortie, qu'après les dix playes, dont Moïse affligea l'Egypte.

1944. Ninus bâtit la fameuse Ninive, & y transporta le siege royal ; & quelque tems après il vainquit Zoroastre Roy des Bactriens. Celui-ci eut aussi une guerre à soutenir contre la celebre Semiramis, digne des plus grands éloges, si elle ne s'étoit pas deshonorée par sa lubricité.

2097. Crès regne en Candie, dite alors *Crete*, de son nom.

2108. Tems d'Osiris, qui est le Pharaon sous lequel Abraham passa en Egypte à cause de la famine.

2197. I. Etat d'Argos en Inachus, d'où les Inachides, *D.* 382, fous 9 Princes.

2232. Invention des Lettres par Memnon : tems à peu prés des Druides en France ; d'autres les placent à l'an 2140. V. *les Remarques.*

Vers ce tems I. Dynastie d'Egypte, connuë en Pharaon, Amos I. *N.* 10 jufqu'à Cenchris, & 4 ou 5 depuis. *D.* en tout 232.

2292. Déluge d'Ogyges Roy & fondateur de Thebes.

2498. Floriffoit la Sybile Cumane ou Amalthée. L'Erithrée, qui vivoit avant elle, prédit la guerre de Troye, & qu'Homere en raconteroit de belles fables. Il y en a eu 8 autres, dont la plûpart des Ecrivains n'en font qu'une ; on fe trompe en cela, comme fur leur exiftence, qui n'a jamais été felon d'autres.

IV. Age, *commence à la fortie des Juifs de l'Egypte* 2513, *& s'eft terminé à la fondation du Temple de Salomon* 2992; *ainfi cet intervale a duré* 479.

II Etat du Peuple fous Moïfe durant 40 ans.

III. Etat fous les Juges, dont le premier a été Jofué & le dernier Samuel, *N.* 16, *D.* 378.

IV. Etat fous les Rois, en Saül *N.* 23, *D.* 484 ans.

2454. I. Etat d'Efpagne en Gerion, Hifpal, Hercule, &c.

2540. Déluge de Deucalion Roy de Theffalie, & 5 ans après inftitution de l'Areopage ou Senat d'Athenes.

2560. I I. E T A T d'Argos fous les Da- naïdes *N.* 5, *D.* 163; ainfi appellez de Da- naüs I. Roy : il eft fameux par fes 50 filles, dont 49 tuerent leurs maris, fils d'Egyptus, frere de Danaüs. La feule Hypermneftre épargna fon mari Lincée. V. *l'Ode XI d'Hor. L.* 3.

2570. I. E T A T de Lacedemone : Rois *N.* 13 *D.* 383. Lelex en a été le I. Roy.

2574. Ville & Royaume de Troye, en Dardanus & finit à Priam en 2820.

2643. I. E T A T de Corinthe fous les Siziphides, *N.* 6, *D.* 308. Siziphe en a été le premier Roy.

En ce tems s'éleve la II. D Y N. d'Egypte, Diofpolites connus en Scethos, *N.* 5, *D.* 203.

2722. I. E T A T d'Italie; Aborigenes, *N.* 4, *D.* 151. Janus premier Roy.

2744. III. E T A T d'Argos, Menecéens, *N.* 8, *D.* 210. Perfée II. ayant tué par mé- garde fon pere Acrifius, tranfporta le fie- ge Royal à Micene, dont les Rois s'empa- rerent du Royaume des Sicioniens en 2886.

2783. Fondemens de la celebre Ville de Tyr, & 8 ans aprés l'expedition des Ar- gaunautes.

2835. I. E T A T du Royaume de Lydie; Heraclides en Argon, *N.* 22, *D.* 505.

2846. III. D Y N A S T I E d'Egypte,

Diospolites inconnus, *D.* 125.

2854. II. ETAT des Sicyoniens sous les Prêtres, *D.* 33.

2874. II. ETAT d'Italie, Latins *N.* 15, *D.* 427. Enée est le I. Roy de ce deuxiéme Etat.

2878. Oreftes & Pilade se rendent celebres par la sincerité de leur amitié, jusqu'à vouloir mourir l'un pour l'autre.

2952. II. ETAT de Lacedemone : Heraclides, *N.* 10, *D.* 342.

Vers cette année, I. ETAT de Corinthe : Heraclides, *N.* 4, *D.* 144.

IV. ETAT d'Argos encore des Heraclides, *N.* & *D.* incertains. Aussi ne fait-on plus mention d'eux dans l'Histoire.

2971. IV. DYNASTIE d'Egypte. Tanites premiers en Semendes, *N.* 7, *D.* 110.

2984. II. ETAT d'Athenes : Archontes perpetuels, *N.* 13, *D.* 310. Medon, fils de Codrus dernier Roy, fut le premier Archonte perpetuel.

Vers ce tems s'établit le Royaume de Tyr, sous Hiram.

V. AGE, *commence à la Fondation du Temple de Salomon, & se termine à la fin de la captivité des Juifs, sous Cyrus 3468 ; ainsi cet âge comprend* 476.

3023 & 1031 avant J. C. selon le Pere Labbe, Salomon jette les fondemens de son Temple. Fondation de la Ville de Cumes. Ahia Prophete. Le Poëte Homere.

3054. II. Etat d'Espagne sous les Celtes & les Rhodiens

3060. Division du Royaume de Salomon en ceux de Juda & d'Israël. Roboam regne dans le premier & Jeroboam dans le second. Osée est le 19 & dernier Roy d'Israel, avant J. C. 756.

3071. Fondation de Samos par les Lacedemoniens.

3079. Asa regne en Juda. Ce pieux Prince rétablit le culte Divin. Jehu, Hanani & Azarias Prophetes.

3081. V. Dynastie d'Egypte. Bubatistes en Sezonchis ou Senscoris, déifié sous le nom fameux de *Serapis*, N. 5, D. 116.

3127. Miracles d'Elie; est enlevé au Ciel dans un chariot de feu en 3139. Elisée son disciple, & le Prophete Michée.

3138. Didon fonde la Ville de Carthage, qui ne fut achevée qu'en 3166.

3170. Charilas Roy de Lacedemone regne sous la tutele de son oncle Licurgue, celebre par ses loix. Jonas Prophete.

3178. Finit le I. Etat des Assyriens en Sardanapal par la revolte d'Arbaces & de Belocus. Le premier donne naissance à la Monarchie des *Medes*, & le second des Babyloniens. Ainsi

II. Etat des Assyriens en Arbaces, premier Roy des Medes.

3197. VI. D y n a s t i e d'Egypte, Tanites seconds en Pentubaste, *N.* 4, *D.* 8

3217. Vienne en Dauphiné fut fondée ,
selon Adon

3226. Sous le regne d Ofias , les Prophetes, dont les principaux furent Ofée &
Ifaïe commencent à publier leurs Propheties dans des livres particuliers, dont ils
dépofoient les originaux dans le Temple
pour fervir de monument à la pofterité.
Les Propheties de moindre étenduë &
faites feulement de vive voix , s'enregif-
troient , felon la coûtume, dans les Archi-
ves du Temple avec l Hiftoire du tems.
M. de Meaux.

Le Poë e Hefiode florit en Béotie : comme il gardoit les brebis de fon pere, il
s'endormit, & fongea qu'il étoit devenu
Poë e; ce qui arriva. Il fait ainfi parler les
Mufes dans un de fes Poëmes : Nous fçavons dire la verité quand il nous plaît :
mais nous fçavons raconter des menfon-
ges qui reffemblent à des veritez.

3240. I Etat de Macedoine en Ca-
ranus, *N.* 21, *D.* 484.

Zacharie & Ifaïe Prophetes. Ce dernier en 3296, annonça aux Juifs la naiffance du Meffie 758 ans avant qu'elle
arrivât.

3283. Naiffance de Remus & de Romulus.

3286. VII. D y n a s t i e d'Egypte

sous Bochoris , *D.* 44.

3294 III. E T A T de Lacedemone sous les Ephores, tems inconnu , *D.* 262.

3300. III. E T A T des Assyriens seconds en Salmanasar, *N.* 3 , *D.* 33. Ce Roy prit l'Assyrie sur les Medes , & mit aussi les Babiloniens sous son Empire : il prit & mena le Roy & le peuple d'Israël captifs à Ninive : ainsi finit le Royaume d'Israël.

III. E T A T d'Athenes sous les Archontes decennaux.

3301. IV. E T A T de Rome en Romulus, *N.* 7 , *D.* 244.

II. E T A T de Lydie. Mermenades en Gigès successeur de Candaule.

3306. Nabonnassar rétablit la Principauté de Babylone, d'où l'*Ere* de Nabonnassar.

3320. Sennacherib Roy d'Assyrie indigné de ce qu'Ezechias lui refusoit le tribut, ravagea tout dans la Judée; il en est puni : 185000 des siens perirent par la main d'un Ange.

3331. VIII. D Y N A S T I E d'Egypte, Ethiopiens en Sabacan, *N.* 3 , *D.* 40. On place ici Tobie & son Histoire.

3368. IV. E T A T d'Athenes : Archontes annuels , *N.* & *D.* 126.

3370. IX. D Y N A S T I E d'Egypte. Saïtes premiers en Stephinantes, *N.* 8. entre lesquels sont Psammeticus & Necao, *D.* 159.

3395. Bizance fondée, Abdere, Stagyre & Lampsaque. Sophronie & Holda Prophetes.

3414. Naissent Thales & Solon, deux Sages de la Gréce, & peu après Jeremie & Urias Prophetes.

3429. Nabucodonosor se rend le fleau de l'Égypte & de la Judée ; & 4 ans après envoye Joachim, qui s'étoit revolté, captif en Babylone, avec Daniel, &c.

3431. Loix de Dracon, si sévéres, que Demades disoit qu'elles avoient été écrites avec du sang ; Solon les abrogea, & en fit de nouvelles en 3458.

3444. Nabucodonosor assiege Jerusalem, & la prend 2 ans après, saccage le Temple, & mene captif en Babylone Sedecias & les plus considerables de ses Sujets. *Fin* du Royaume de Juda, & captivité de 70 ans.

3449. Capitole bâti par Tarquin l'Ancien. Ezechiel Prophete.

3453. Daniel explique le songe de Nabucodonosor, qui avoit vû en dormant une prodigieuse Statuë. Trois ans après Ananias, Misaël & Azarias sont jettez dans la fournaise, pour n'avoir pas voulu adorer la statuë de ce Prince.

3458. Célébre Autel bâti à Athenes *au Dieu inconnu* par le Philosophe Epimenides. La célébre *Sapho* étoit de ce tems.

3464. Ambigat regne dans les Gaules. Les Berruyers sont fameux.

3469. Periandre étant mort, Corinthe recouvre sa liberté; il n'en est plus fait mention qu'à la prise de cette Ville par les Romains l'an 3908.

3472. Florissent les sept Sages de la Gréce, vers le regne d'Evilmerodac Roy de Babylone.

3490. Esope est tué par les Delphiens, sur les faux rapports de ses envieux.

3494. V. ETAT d'Athenes : Tyrans en Pisistrate, *N.* 3, *D.* 50.

Un an après Daniel est jetté dans la fosse aux lions, pour avoir fait crever le dragon de Bel.

3498. Darius le Mede succede à Balthazard, qui au milieu d'un festin vit une main écrivant contre la muraille ces mots, *Mane, Thecel, Pharès*, que Daniel interpreta du transport de son empire aux Medes & aux Perses.

3506. Incendie du Temple d'Apollon à Delphes par Erostrate, qui par là vouloit faire parler de lui.

3510. Fin du Royaume de Lydie en Cresus.

3516. Cyrus prit Babylone sur Darius son oncle : ainsi s'accomplit la prophetie de Daniel, cette Monarchie étant passée aux Perses.

Cyrus permet aux Juifs de s'en retourner en Judée & d'y rebâtir le Temple, après 70 ans de captivité.

Environ ce tems florissoit Anacreon Poëte Lyrique ; Simonides , Epicharmes , Tomiris & Policrates tyrans de Samos.

VI. AGE, *commence à la fin de la captivité & se termine à la naissance de J. C. 4000.*

V. ETAT des Perses premiers en Cyrus, *N.* 12, *D.* 208,

Cyrus I. ayant transporté la Monarchie de Babylone aux Perses, donna lieu à la seconde des 4 Monarchies du monde.

V. ETAT des Juifs sous 3 Gouverneurs & 22 Pontifes, *D.* 434. Zorobabel 1 Gouverneur jette les fondemens du Temple.

3527. X. DYNASTIE d'Egypte sous les Perses en Cambise, *N.* 7, *D.* 112.

3536. & de Rome 236. V. ETAT d'Espagne sous les Carthaginois en Maherbal, Pindare naît.

3538. avant J. C. 516. le nouveau Temple fut achevé, & la dédicace célébrée avec grande joye.

3541. Hipparque Tyran d'Athenes ayant été tué, une courtisane aima mieux se couper la langue avec les dents, que de rien dire.

3544. VI. ETAT d'Athenes, retour à la démocratie sous les Archontes annuels , *D.* 180.

3545. V. ETAT de Rome sous les Consuls, *D.* 462, l'an de Rome 245 , après qu'on eut chassé les Tarquins. Heraclite parut deux ans après.

3556. IV. Etat de Lacedemone, Rois inconnus en Leotichès, *D.* 201.

3563. Naissance de Sophocle; Largius 1 Dictateur Romain; Miltiades, Themistocles, Coriolan, Leonidas, Aristides, Zeuxis Peintre, tous contemporains, l'an de Rome 263.

3564. Bataille de Maraton où 500000 Perses furent défaits par les Atheniens sous Miltiades, qui y acquit une telle gloire, que Themistocles disoit que les trophées de Miltiades l'empêchoient de dormir.

3574. Passage de Xerxès sur un pont de bateaux avec 800000 hommes; Bataille des Termophiles; Athenes prise & brûlée par Marcedonius un des Capitaines de Xerxès.

Pindares florit, Démocrite; naissance d'Euripide & de Thucidide l'an 3584, & de Socrate un an après, Hipocrate. Vers ce tems paroît Malachié dernier des Prophetes.

3600. Les Romains envoyent en Grece 3 Ambassadeurs pour avoir ses Loix des Villes les mieux policées, d'où les Loix des 12 Tables redigées par Hermodore.

3604. Herodote écrivit son Histoire, âgé de 40 ans.

3613. Prise de Samos; Empedocle le Philosophe. 3621, Protagoras & Evaltus.

3623. Guerre du Peloponese entre les Lacedemoniens & les Atheniens.

3627. Phidias, Periclès, Isocrates; naist

fance de Platon , & 3 ans après Ariftopha-
nes fait reprefenter *fa Comeaie des Nuées.*

3641. XI. DYNASTIE d'Egypte : Saïtes
2. fous Amirtæus *N.* 4, ou 3 , *D.* 26 ou 25.

3648. III. ETAT de Sicile ; retour à la
tyrannie en Denys le Tyran , *N.* 2 , *D.* 60,
jufqu'à Timoleon.

3652. avant J. C. 402 *Retraite des dix
mille*, réduits à la moitié fous Xenophon,
qu'on appelloit la Mufe attique à caufe de
fon éloquence.

3664. Fameufe bataille fur le fleuve Al-
lia, entre les Romains & les Gaulois fous
Brennus. Rome délivrée par Camille. Cte-
fias & naiffance d Ariftote; Ariftipe florit.

3667. XII. DYNASTIE d'Egypte, fçavoir Sebenites fous les 2. Nectenabo, *D.* 38.

3683. Bataille de Luctre; celle de Man-
tinée en 3691 , & en 3696 guerre Sociale.

3698. avant J. C. 356. Incendie du
Temple de Diane à Ephefe ; & naiffance
d'Alexandre le Grand.

3699. Guerre Sacrée, ainfi appellée à
l'occafion du pillage du Temple d'Apollon à Delphes.

Mort de Maufole Roi de Carie ; Arte-
mife fon époufe fe fignale par la conftruction d'un fuperbe maufolée &c.

3705. Guerre de Macedoine. Demofthe-
nes & fon Antagonifte Echines floriffent.

3708. IV. ETAT de Sicile ; retour à la
liberté : tems inconnu jufqu'à la prife de
Siracufe.

3711. Guerre Samnique : 3718, celle de Cheronée. Diogene le Cinique florit, & peu après naît Epicure. Viennent ensuite Protogenes & Apelles fameux Peintres.

3720. 1. Bataille d'Alexandre près du Granique ; 3721. celle d'Ayazzo ; 3723. celle d'Arbelle.

3723. & de Rome 423. 170. Dames Romaines furent punies de mort pour cause de sortilége.

3724. Alexandre le Grand ayant détruit la Monarchie des Perses ; commence celle des Grecs qui est la troisiéme des IV. & VI. Etat d'Athenes sous ce Roy, *D.* 6 ans.

XIII. Dynastie d'Egypte aussi sous Alexandre, qui en 3723 avoit soumis ce païs. Euclides célebre Geometre.

3727. Alexandre ayant achevé de conquérir toute l'Asie jusqu'aux Indes, surmonte Porus qui en étoit Roi.

3742. & de Rome 442. Appius Claudius fait paver le grand chemin, qui de son nom fut appellé *Via Appia Claudia*.

Division de l'Empire d'Alexandre.

3730. avant J. C. 324. Alexandre âgé de 32 ans & demi, meurt dans Babilone, & ses Capitanes partagent son Empire.

La Grece en particulier étant sous Craterus, & les Archontes, continuë ; ce qui fait le VIII. Etat d'Athenes, *D.* 178.

L'Egypte échut à Ptolomée fils de Lagus, d'où XIV. Dynastie sous les Lagides, *N.* 14, *D.* 294.

La Macedoine à Aridée I. dit Philippe, sous la tutele de Perdicas & Antipater. III. Etat de Macedoine, *N.* 15, *D.* 156.

L'Asie Mineure fut le partage d'Antigonus, qui fut le 1 Roi & Demetrius le 2.

3766. Seleucus Nicanor regne seul en tous les 2 Etats d'Asie & de Syrie.

La même année ci-dessus 3730. VII. Etat de la Perse sous les Macedoniens & les Syriens en Aridée & Seleucus, *N.* 12 pour les premiers, & 4 pour les seconds, *D.* 78.

3739. Rois de Bithinie sous Zipoetes.

3742. Seleucus joint à Ptolomée, reprend la Ville de Babylone sur Antigonus. *Ere* des Grecs, dite des Seleucides ou Contracts.

3760. Macedoine conquise par Demetrius *Poliorcete.* Pierrhon le Sceptique; le Poëte Ménandre, & peu après Theophraste.

3770. Commencement du Royaume de *Pergame* en Philetere, *N.* 6. *D.* 151.

Vers ce tems vivoient Aratus & Theocrites; Apollonius, Epicure, Zenon, chef des Stoïciens; Manethon & Berose.

3774. Ptolomée Ceraune tué en bataille par les Gaulois, commandez par Brennus, eut pour troisiéme successeur le vaillant Sosthene, que les Macedoniens couronnerent pour les avoir délivrez des Gaulois : mais il fut tué dans la seconde irruption que les Gaulois firent en Grece sous le même Chef.

3775.

3775. Les Gaules fous le 2 Brennus.

3790. Un fçavant de l'Ifle de Paros fait un recueil de plufieurs époques anciennes, depuis gravées fur des marbres, connus aujourd'hui fous le nom *du Comte d'Arondel*, qui les fit venir de Grece en Angleterre, & engagea Selden de les commenter.

Traduction de la Bible de l'Hebreu en Grec, par les foins de Ptoloméé Philadelphe Roy d'Egypte, dont la Bibliotheque a été fi fameufe. Le Grand Prêtre Eleazar lui avoit envoyé pour cela 72 Interpretes, & c'eft ce qu'on appelle la *Verfion des Septante*.

I. Guerre Punique ou des Romains contre les Carthaginois, *D.* 17.

3808. VIII. E T A T des Perfes fous les Parthes en Arface I. *N.* 23, *D.* 470.

3826. Amilcar mourant, fit jurer fur un Autel à fon fils Annibal, qu'il n'auroit jamais de paix avec les Romains. Caton, Chrifipe, Eraftothene & Polybe.

3830. Renverfement du Coloffe de Rhodes par un tremblement de terre; il demeura fur la place 873 jufqu'à l'an de J. C. 633, que Mahuvias Sultan d'Egypte le vendit à un Marchand, qui en chargea 900 chameaux. Un homme ne pouvoit pas embraffer un des pouces de ce Coloffe.

3836. II. Guerre Punique de 17 ans, où le Conful Scipion eft défait vers Pavie par Annibal.

3838. Perfecution des Juifs en Alexan-

...ie par Philopator. Bataille de Canne, gagnée par Annibal fur les Romains. Il envoya à Carthage 3 boiffeaux d'anneaux de Chevaliers Romains tuez en cette occafion.

VI. ETAT d'Efpagne fous les Romains en la perfonne des Scipions.

3842. Prife de Siracufe, & fin du Royaume de Sicile, fous la conduite de Marcellus ; mort d'Archimede & celle des deux Scipions en Efpagne, & envoi d'un autre qui fera le Grand Africain.

3845. V. ETAT de Lacedemone, Tyrans en Machanidas, *N. 2, D. 20.*

3851. Hiftoire du Grand Scipion avec Siphax, Maffiniffa & Sophonisbe ; 2 ans après Scipion mena Siphax en triomphe à Rome ; victoire qui lui merita le furnom *d'Africain.*

3864. Scipion l'Afiatique eft envoyé en Afie, d'où lui vient le nom d'*Afiatique,* pour faire la guerre à Antiochus, qu'il défit ; & ce qu'on ne peut trop loüer, fon frere le Grand Africain, fut affez genereux pour vouloir bien lui fervir de Lieutenant.

Caton le Cenfeur, grand Philofophe, grand Capitaine, & grand Orateur.

3866. VI. ETAT de Lacedemone, Achéens fous Philopomene. 3871. Mort de Plaute.

3878. Antiochus Epiphanes pille le

Temple, & fait mourir les Machabées.

3880. Judas Machabée remporte une célebre victoire sur Antiochus, & repurge le Temple. E R E *des Machabées.*

3886. Fin du Royaume de Macedoine, réduite en Province Romaine, après la prise de Persée dernier Roy, qui est mené en triomphe par P. Emile. 3888. Carneades Philosophe.

3905. I I I. Guerre Punique qui finit en 3911. Carthage est prise, pillée & brûlée sous la conduite du jeune Scipion Emilien, qui pleura sur les ruines de la Ville, puis retourna triomphant dans Rome, avec le surnom de *Jeune Africain.*

3908. Guerre d'Achaïe, causée par le mauvais traitement que reçûrent les Ambassadeurs Romains. Fameuse prise & incendie de Corinthe, d'où vient le métal de Corinthe si celebre; ensuite le païs fut taxé & réduit en Province Romaine, & le Consul Mummius, sous qui s'acheva cette guerre, en remporta avec l'honneur du triomphe, le surnom d'*Achaïque*; & alors la Grece commença d'être entierement sous la domination Romaine.

3950. VII. E T A T des Juifs: Rois, *N. 6 D.* 103. Aristobule joignant le Diademe à la Thiare, commence à se faire appeller Roi.

3968. Prise d'Athenes par Silla; mort du Tyran Aristion, & fin des Achontes:

ainsi IX. Etat sous les Romains en Silla,
jusqu à la division de l'Empire, *D*. 480.

3983. Lucullus défait Mitridate Roi de
Pont, qui s'enfuit chez son gendre Tygranes Roi d'Armenie & de Syrie, où Lucullus va poursuivre ses victoires, y défait encore Tygranes, qui est consolé dans ce
malheur par son beau-pere, & Lucullus
revint à Rome en triomphe, menant devant lui la statue de Mitridate, qui étoit
toute d'or.

3991. La Syrie est réduite en Province
Romaine par Pompée, vainqueur tout à
la fois, de Mitridate, de Tygranes, des
Arabes & des Juifs qu'il rend tributaires
des Romains. Pompée assiege & prend Jerusalem un jour de Sabat, rétablit Hircam,
& emmene Aristobule & ses enfans à Rome en triomphe, où parut cette fameuse
vigne d'or d'Aristobule.

4000 ou 4001. Crassus allant faire la
guerre aux Parthes, pille le Temple de Jerusalem : mais Dieu permit qu'il fût puni de
ce sacrilege ; car Orodes Roi des Parthes
l'ayant vaincu, lui fit fondre de l'or dans
la bouche pour le punir de son avarice.

4002. avant J. C. 52, de Rome 695.
Jules Cesar soumet sous la puissance des
Romains, les Gaules, la Grande Bretagne,
l'Allemagne, la Suisse & les Païs-Bas, &
l'Ecosse renduë tributaire.

4005. Les guerres civiles de Cesar &

de Pompée ; celui-là se voulant rendre
maître de tout, & celui-ci défendre la
liberté de sa Patrie; mais il est contraint
de s'enfuir en Macedoine, où il est pour-
suivi & vaincu par Cesar en la plaine de
Pharsale; puis il fuit en Egypte, où il fut
tué à l'âge de 59 ans, par la perfidie des
Gouverneurs du jeune Ptolomée, par où
finit la liberté de la Republique.

IV. MONARCHIE sous les Empereurs
Romains, & V. ETAT de Rome sous les
Empereurs, N. 50, D. 442.

4007. & de Rome 707. J. Cesar est élû
Dictateur étant encore en Egypte, où il
donne le Royaume à Cleopatre dont il
avoit eu un fils nommé *Cesarion.*

4010. Auguste est adopté par son oncle
Cesar, qui est tué dans le Senat, de 22 ou
23 coups de poignards, par Cassius & Brutus, âgé de 56 ans.

4012. Auguste défait Brutus & Cassius
en Macedoine.

4024. Bataille d'Actium en Epire où il
fut décidé de l'Empire de l'Univers, qui
demeura au seul Auguste, Antoine & Cleopatre s'étant donné la mort.

Ici finit le Royaume d'Egypte qui passa aux Romains par cette victoire d'Auguste.

Vers ce tems vivoient Mecenas, pro-
tecteur des gens de Lettres, Saluste, Pro-
perce, Agrippa, Virgile, Horace, Cornel.

Nepos, Tibule, Vitruve, Ovide, Lucrece, Catulle, Denys d'Halicarnasse, Strabon celebre Geographe & Tite-Live.

4053. Naissance de JESUS-CHRIST, l'an 37 du regne d'Herodes, & le 44 d'Auguste.

Il faut avertir ici qu'on a suivi dans ces Epoques la Chronologie du P. Labbe : car selon l'Ere vulgaire, J. C. est né l'an du monde 4000.

Les Epoques les plus considerables de l'Histoire Moderne.

L'An 396 l'Empereur Theodose partagea l'Empire Romain entre ses deux fils : Arcadius l'aîné eut l'Empire d'Orient, & Honorius celui d'Occident.

L'Empire d'Occident sous Honorius commença à pencher vers sa ruine, & fut troublé par l'innondation des Barbares.

Les Goths en Italie ; les Wisigoths & les Vandales en Espagne ; les Francs & les Bourguignons dans les Gaules.

C'est du démembrement de l'Empire Romain en general, que se sont formez les Etats qui subsistent aujourd'hui dans l'Orient & dans l'Occident.

ALLEMAGNE. I. *Etat.* L'an 14 de J. C. Tibere conquit l'Allemagne à Auguste ; & en 367 ces peuples furent repoussez par les armes de l'Empire, & le Rhin muni contre leurs courses, & en 375 30000 hommes des leurs furent taillez en pieces auprès de Strasbourg par l'armée de Gratien.

II. *Etat*. Clovis ayant dompté l'Allemagne, la réduisit en Gouvernemens, qui releverent des François en 500.

III. *Etat* sous les Rois de France, *N.* 9, *D*. 138. & 1. sous Charlemagne en 774, V. ci-après l'Empire d'Occident; & proprement son IV. *Etat* commence sous Conrad le Saxon, par où finit le regne des François en Allemagne.

ANGLETERRE, peu connuë avant les Romains. Ce fut Cesar qui y aborda le premier. Il y avoit 400 ans qu'elle étoit sous leur domination, quand les Nations Septentrionales se jetterent sur les parties occidentales de l'Empire.

I. *Etat* sous les Aborigenes.

II. *Etat* sous les Romains. L'an 43 de J. C. la Grande Bretagne étoit alors sous plusieurs Rois, qui furent défaits par les troupes de l'Empereur.

III. *Etat* sous les Anglois Saxons, *N.* & *D*. incertains, environ l'an 410.

IV. *Etat*, Cerdicius vint d'Allemagne au secours des siens, sur lesquels il établit son regne en 520.

V. *Etat*, Anglois-Saxons sous Egbert, qui ayant réüni sous sa domination tous les divers Royaumes des Saxons & des Bretons, changea le nom de Grande Bretagne en celui d'*Angleterre*.

VI. *Etat* sous les Danois en Canut, déja Roi de Dannemarck en 1017.

VII. *Etat* sous les Normands en Guillaume I. Duc de Normandie en 1066.

VIII. *Etat* sous les Comtes d'Anjou, en Henry II. 1154.

IX. *Etat*, réünion des trois Royaumes, sous le nom de Grande Bretagne, en Jacques I. déja Roi d'Ecosse 1603.

X. *Etat* sous Cromvvel, Republique 1649.

XI. *Etat*, retour aux Rois en Charles II. 1660.

XII. *Etat*, sous Marie Reine de la Grande Bretagne & le Prince d'Orange, qui en furent couronnez Roi & Reine le 21 Avril 1689.

XIII. *Etat*, sous la Reine Anne, femme du Prince Georges de Dannemarck, 1702.

XIV. *Etat*, sous le Roi Georges-Loüis de Brunsvvick-Hanovre, qui succeda à la Reine Anne le 12 Octobre 1714. Il mourut à Osnabruck le 22 Juin 1727, & a eu pour successeur son fils George II.

BOHEME. Elle a eu 22 Ducs durant 536 ans ; & en 1086 fut honorée du titre de Royaume par l'Empereur Henri IV. qui donna la qualité de Roi à Uladislas. Il y a eu 21 Rois en 224 jusqu'en 1310, que Jean de Luxembourg fils de l'Empereur Henri VII. fut Roi de Boheme. On compte 18

ou

ou 19 Rois tant de cette Maison, que de celle d'Autriche.

BOURGOGNE. Elle a eu le titre de Royaume vers l'an 430, Gondicaire II. Roi des Bourguignons, conquit la Bourgogne propre, la Savoye & une partie de la Provence; Vienne en étoit la Capitale. Gondomar leur dernier Roi, fut vaincu par les fils de Clovis, Clotaire I. & Childebert I. Ainsi finit ce Royaume qui avoit duré 126 ans.

Nos Rois l'ont possedé pendant plus de 340 ans, jusquà ce qu'il fut usurpé par Boson en 879, puis par Rodolphe en 888, ce qui forma deux Royaumes; celui de la Bourgogne *Cis-Jurane*; & celui de la *Trans-jurane*, c'est-à dire, le pais qui est au-delà du Mont-Jura ou de Saint Claude.

Tous ces Etats qui avoient appartenu aux enfans de Charlemagne, furent usurpez dans un tems de licence & de confusion; mais dont les principales parties, comme les deux Bourgognes, le Lyonnois, le Dauphiné & la Provence, ont été réünies à la France en differens tems.

LA CHINE Il est difficile de rien dire de certain de cette vaste Region, qui a été peu connuë des Anciens, quoique Ptolomée en ait parlé sous le nom de *Sinarum Regio*.

La connoissance qu'en ont les Modernes , n'est guere plus sûre. D'ailleurs , ce que les gens du païs en disent , a tout l'air de fable. Quoiqu'il en soit , on veut que cet Empire ait commencé 2952 ans avant J. C. & que le celebre *Fo-hi* en est le Fondateur.

On compte 22 familles des Empereurs de la Chine , tant celles qui ont regné avant qu'après J. C. Ils nomment leur Empereur *Tien-çu* , c'est-à-dire , *Fils du Ciel* , ou *Bien-aimé du Ciel*.

Ils ne reconnoissent point d'autre Dieu que le Ciel , qu'ils appellent *Tien*. Trois Sectes parmi eux : les Lettrez , les Idolâtres & les Sorciers. La premiere est celle du Roi & des Nobles , la seconde adore les Idoles ; & la troisiéme adore les demons & pratique la magie.

DANNEMARCK. Il n'y a point eu de Rois avant le X. siecle , Harold VI. se fit Chrétien , & commença à regner vers l'an 930 : ainsi ,

I. *Etat* de Dannemark en Harold.

II. *Etat* en Valdemar I. en 1157.

III. *Etat* , réünion avec la Suede sous Marguerite , 1387.

IV. *Etat* , séparation sous Christierne I. 1448 , Frederic IV. élu en 1699 , y regne aujourd'hui.

ECOSSE. Les Historiens Ecossois , dit Mezeray , commencent à compter leurs Rois à Fergus l'an 423.

I. *Etat* fous les Romains.

II. *Etat* fous les Rois en Fergus. On compte 57 Rois d'Ecoffe, qui ont regné avant la Maifon de Stuart : durant 959.

III. *Etat* fous les Rois de la Maifon de Stuart. *N.* 12, *D.* 330, depuis 1370 jufqu'en 1700.

EMPIRE D'OCCIDENT. VI. *Etat* de Rome fous les Empereurs *N.* 11, *D.* 81, & 1° fous Honorius l'an 395.

VII. *Etat* fous les Herules *D.* 17 en Odoacre leur Roi, qui chaffa Auguft le dernier des Empereurs en 476, & qui eft lui-même chaffé & tué peu après par Theodoric Roi des Oftrogoths.

VIII. *Etat* fous les Oftrogoths, *N.* 8 *D.* 60, & 1° fous Theodoric 493.

IX. *Etat*, retour à Juftinien Empereur d'Orient. Narfés ayant défait & tué Theïas, mit fin au Roïaume des Oftrogoths en Italie, dont il eft fait Gouverneur l'an 554.

X. *Etat* fous les Lombards appellez par Narfés, en vengeance des railleries piquantes de l'Imperatrice Sophie, 568.

XI. *Etat* fous les François en Charlemagne, qui ayant pris Didier & fa femme, dernier Roi des Lombards, les envoya prifonniers à Liege 774, & Charlemagne eft couronné à Rome Empereur d'Occident l'an 800, ce qui fait le III. *Etat* d'Allemagne.

XII. *Etat* de l'Empire d'Occident fous

les Allemands, & le IV. d'Allemagne en Conrad I. premier Empereur Allemand, 912, *N.* 28, *D.* 526.

XIII. *Etat* de l'Empire d'Occident, & V. d'Allemagne, en particulier de la Maison d'Autriche en Albert II. Roi de Boheme & de Hongrie en 1438.

EMPIRE D'ORIENT, & Continuation de la Grece.

X. *Etat* de Grece fous les Empereurs d'Orient, *N.* 64, *D.* 809, & 1° fous Arcadius, 395.

XI. *Etat* de Grece fous les François ou Latins, & divifion en Conftantinople & Nicée, l'an 1204, *François* à Conftantinople fous Baudoin I. Comte de Flandres. *Grecs* à Nicée fous Theodore Lafcaris.

XII. *Etat*, retour aux Grecs fous Michel Paleologue 1261, & finit fous Conftantin dit Dracofes, par la prife de C. P. par Mahomet II. l'an 1453. Ainfi,

XIII. *Etat* fous les Turcs qui en font les Maîtres encore aujourd'hui.

ESPAGNE. Elle étoit occupée originairement par les Celtes, puis par les Tyriens; enfuite par les Carthaginois, qui furent releguez par les Romains au-delà de l'Ebre: enfin Scipion, furnommé depuis l'Africain, les en chaffa tout-à-fait.

En 411 les Alains, les Vandales & les Sueves y pafferent après avoir ravagé les Gaules: mais Vallia Roi des VVifigoths, détruisit ce nouveau Royaume l'an 418.

II. *Etat* d'Espagne sous les Romains.

III. *Etat* sous les VVisigoths, *N.* 30, *D.* 303.

IV. *Etat* sous les Maures & Rois de Leon, 710.

V. *Etat*, Rois de Castille. L'an 1038 Ferdinand I. ayant eu differend avec son beau-frere Veremond, qui fut tué dans une bataille, unit Leon à la Castille : ainsi 5 Etat de l'Histoire generale.

VI. *Etat*, Rois d'Espagne en general. Ferdinand & Isabelle unissent leurs Etats par un mariage en 1474. Ferdinand conquit le Royaume de Grenade, & chassa entierement les Maures d'Espagne. Il joignit à cette conquête celle de Naples & de Navarre.

VII. *Etat*, sous l'Empire de Charle-Quint, 1521.

VIII. *Etat*, séparation de l'Empire, 1558, Charle-Quint laissant en mourant l'Empire à son frere Ferdinand, & l'Espagne avec le reste de ses Etats à Philippe II. son fils.

IX. *Etat*, jonction du Portugal avec l'Espagne par Philippe II. qui s'empara de ce Royaume après la perte du Roi Sebastien, à la bataille d'Alcacer en Afrique, & après la mort du Cardinad Henri l'an 1580.

X. *Etat*, séparation du Portugal. Les

Portugais ennuiez de la domination d'Espagne, se défont de leur Viceroy, & met-
tent sur le Trône Jean de Bragance de la
race Royale de Portugal l'an 1640.

XI. *État* sous la Maison de France en
Philippe V. l'an 1701.

FRANCE, autrefois *la Gaule*, fut conquise par Jules Cesar 50 ans avant J. C.
elle a été sous la puissance des Romains
près de 500 ans avec les Païs Bas ; la Savoye & la Suisse, & c'est son II. *État*.

III. *État* sous les Francs en Pharamond, 420. Depuis lui jusqu'à Loüis XV.
on compte 66 Rois jusqu'à cette année
1730, la durée de la Monarchie Françoise
est de 1310 ans.

On compte trois races de nos Rois. La
première de *Merovégiens*, ainsi appellée à
cause de Merovée sous 22 Rois.

II. Race des *Carlovigiens*, ainsi dite de
Charle Martel ou de Charlemagne, tous
deux celebres par leurs victoires & leurs
grandes qualitez, sous 13 Rois.

III. Race des *Capetiens* de Hugues Ca-
pet, qui commença à regner l'an 987.

912 Irruption des Normands sous Rollo
leur Capitaine dans la Neustrie, que Charles le Simple ceda à Rollo, à qui il donna
sa fille Gisèlle en mariage à titre de Duché, d'où elle s'appella Normandie, du
nom de ses nouveaux habitans.

558. I. exemple de la Loi Salique, Chil-

debert Roi de Paris étant mort sans enfans mâles ; Clotaire I. son frere, succeda à l'exclusion de ses niéces Chroteberge & Chrotesinde.

Maisons collaterales, qui ont succedé, 1°. celle de Valois en Philippe de Valois après la mort de Charles le Bel en 1328.

II. Celle d'Orleans en Loüis XII. après la mort de Charles VIII. en 1498.

III. Celle d'Angoulème en François I. qui succeda à Loüis XII. en 1515.

IV. Celle de Bourbon, qui regne aujourd'hui sur les François, en Henri IV. après la mort d'Henri III. dernier des Valois en 1589.

Cette auguste Maison a pour tige Robert de France Comte de Clermont en Beauvoisis, quatriéme ou sixieme fils de Saint Loüis, qui épousa Beatrix de Bourgogne Dame de Bourbon, d'où cette Maison a pris le nom de Bourbon.

GENES, Republique. Après avoir passé par plusieurs sortes de gouvernemens, & avoir été sous l'autorité de diverses Puissances, se mit enfin en liberté par le secours d'André Doria, & s'érigea en Republique vers 1530, & a continué d'être gouvernée par son Doge, dont le regne ne dure que deux ans.

Ce Doge a pour Conseil huit Senateurs; qu'on nomme Gouverneurs, & avec eux les Procureurs de la Republique & les 400 du Grand Conseil, c'est ce qu'on appelle *la Seigneurie*.

GOTHS : I. *Etat* ou 1 origine des Goths en 241 de J. C. est de la Scythie : car sortant de leur païs sous leur Roi Argonte, ils se répandirent en la Sarmatie & en Allemagne, & c'est d'eux que l'on croit que s'est produite la semence des Goths dans la *Scancinavie*, c'est-à-dire, la Norvege, le Dannemarck, & la Suede, dont le Roi encore aujourd'hui se qualifie Roi des Goths & des Vandales.

II. *Etat* sous Alaric leur Roi, en 381.

III. *Etat*, les Ostrogoths sous les Huns, autre branche que celle d'Attila en Unitarius, 451.

Ces Peuples ont été long-tems en Italie & près de 300 ans en Espagne, ils ont même possedé quelques parties de la France, surtout en Languedoc & en Gascogne.

HIBERNIE, aujourd'hui Irlande, a été gouvernée par des Rois au nombre de 48 durant 752, jusqu'à ce que ce Royaume tomba sous la puissance des Rois d'Angleterre, & 1° d'Henri II. vers l'an 1162 ou 1185.

Saint Patrice y porta la lumiere de l'Evangile, & convertit à la Foi Catholique la femme & les enfans de Longarius I. Roi, qui demeura dans son infidelité.

HOLLANDE. Les Pays-Bas étant pasfez fous la domination d'Autriche par le mariage de Marie, fille unique du dernier Duc de Bourgogne; Philippe II. Roi d'Efpagne en devint le maître par la démiffion de fon pere Charle-Quint.

Il y eut fous fon regne quelque atteinte donnée aux priviléges de la Nation, cela caufa la revolte des fept Provinces-Unies, qui ne pouvant s'accommoder de la domination d'Efpagne, firent en 1579 *la fameufe union d'Utrecht*, par laquelle chacun demeuroit dans fa fouveraineté, & chaque Ville dans fes droits & priviléges.

La dureté du gouvernement du Duc d'Albe contribua beaucoup à ce foulevement, qui commença en 1564.

HONGRIE. Elle étoit anciennement connuë fous le nom de Pannonie. Les Huns Goths, quittant la Scythie Afiatique, s'y vinrent établir l'an 401 fous leur Roi Attila, & lui donnerent leur nom.

On commence ordinairement la fuite des Rois de Hongrie à Saint Etienne, qui voulut recevoir la couronne des mains du Pape l'an 1000. *Mezeray*.

Il y a eu 51 ou 52 Rois depuis l'an 1000 jufqu'en 1711, que Charles VI. feiziéme Empereur de fa famille, fucceda à fon frere Jofeph.

HUNS. I. *Etat* des Huns fous Balamir & Mondizic pere d'Attila, qui fe faifoit nommer *le fleau de Dieu*. Ils ont com-

mencé à paroître l'an 382 , *N.* incertain ,
D. 363.

II. *Etat* fous les Bavarois en Avarius ,
élu par les Huns reftez de la défaite fous
Zeliorbes, contre l'Empereur Juftin. Après
cela ils vinrent habiter le *Noric* , qu'ils ap-
pellerent du nom de leur Roi *Baviere* &
eux *Bavarois.*

III. *Etat* , lorfque les Huns qui étoient
reftez en Pannonie , rappellerent leurs
compatriotes enfuis en Scythie , lefquels
vinrent fous 7 chefs , 742.

J A P O N. Son Hiftoire nous eft peu
connuë ; à peine les voyageurs peuvent-
ils nous en découvrir l'état prefent. Les
Portugais le découvrirent par hazard en
1542 , ayant été jettez fur fes côtes par
une tempête.

Ces peuples font Idolâtres auffi-bien
que leur Empereur, la Religion Chrétienne y fit quelques progrez par le zele
de Saint François Xavier ; mais elle y eft
abolie , & ils ne fouffrent que les Hollandois , à caufe du commerce , &c.

J E R U S A L E M , Royaume qui ne dura
que 88 ans fous neuf Rois , depuis 1099
que l'armée Chrétienne emporta Jerufa-
lem fur le Sultan d'Egypte , jufqu'en 1187
que Saladin Sultan de Syrie & d'Egypte
l'enleva aux Chrétiens.

On y compte douze Rois depuis Gode-
froy de Boüillon 1099 , jufqu'à Jean de
Brienne 1209.

LORRAINE en 959 fut divisée en Haute & Basse. Brunon Archevêque de Cologne, sous qui se fit cette division, retint le titre de Duc principal, & donna la Haute Lorraine à Frederic frere d'Adalberon Evêque de Metz.

En 1048 Gerard d'Alsace, tige de la Maison de Lorraine, eut la Lorraine que lui donna l'Empereur Conrad, il étoit fils d'Albert Comte, Marchis d'Alsace.

Il y a eu 39 tant Ducs que Duchesses, jusqu'à Leopold-Joseph, qui fut rétabli dans ses Etats, & en 1698 il épousa Charlotte d'Orleans, dite Mademoiselle de Chartres, fille de feu Monsieur frere unique du Roy. Ce Prince mourut le

MOSCOVIE. On a très-peu de connoissance de l'état ancien de cet Empire ; on sçait seulement que Volodimir fut converti par les Grecs á la Foi Catholique l'an 988. L'Empereur qu'on nomme Czar, est un des plus puissans Princes de l'Europe. La Czarine veuve de Pierre Alexiowitz, que nous avons vû à Paris, a gouverné cet Empire jusqu'à sa mort arrivée à Petersbourg le 17 Mai 1727.

Pierre II. petit fils du même Pierre I. lui a succedé.

PERSE. Continuation de son IX. *Etat* ; sçavoir Perses seconds regnans alors Varanes IV. 395.

X. *Etat* sous les Sarrasins, *N.* & *D.* incertains, sous Omar III. Calif qui voyant la Perse affoiblie des pertes qu'elle avoit faites contre Heraclius, s'en rendit le maître, forçant le Peuple à suivre sa loi & à quitter leur ancien nom pour celui de Sarrasins, l'an 634.

XI. *Etat* sous les Turcs, peuple du Turkestan, frontiere de la Tartarie, qui la soûmirent avec la Caldée, & c'est par ce mélange que les Turcs sont devenus Mahometans.

XII. *Etat*, sous les Tartares en Zacathay I. ou Hallon Prince des Tartares, qui réduisit la Perse sous sa puissance en 1260.

XIII. *Etat*, sous les Armeniens en Ussum Cassam I. Roi d'Armenie, 1457.

XIV. *Etat*, sous Ismaël-Sophis, 1513 ou 1514. Cet Abregé ne permet pas que nous parlions des dernieres révolutions de de ce grand Royaume. Elles sont recentes, & chacun peut en avoir la relation.

POLOGNE I. *Etat*, sous les Ducs en Piaste I. Duc, élu par les Polonois l'an 806.

II. *Etat*, sous les Rois en Boleslas I. Roi l'an 999, mais ce ne fut qu'en l'an 1000, qu'il obtint ce titre de l'Empereur Othon.

III. *Etat*, sous les Hongrois en Louis de Hongrie, fils d'une sœur de Casimir, en 1370.

IV. *Etat*, sous les Jagellons, en Jagellon

ou Ladiſlas IV. 1386.

V. *Etat* en Henri de Valois Duc d'Anjou 1573, depuis Roi de France ſous le nom d'Henri III.

VI. *Etat*, en Sigiſmond III. élû à l'excluſion de Maximilien d'Autriche en 1587.

VII. *Etat*, union de la Pologne à la Suede en Sigiſmond Roi de Suede, 1594.

VIII. *Etat*, ſéparation. L'an 1607, Sigiſmond perd la Couronne de Suede par la pratique & uſurpation de ſon oncle; ainſi il ne lui reſta plus que la Pologne.

IX. *Etat*, en Michel Koribut Vieſnovviski, 1669.

X. *Etat*, ſous Auguſte Electeur de Saxe, dépoſé en 1704, & rétabli en 1709. Staniſlas Leczinski avoit été élù en 1704.

PORTUGAL. I. *Etat*, ſous les Maures en Abderame II. l'an 821.

II. *Etat*, ſous le Comte Henri de Bourgogne 1089, & mort en 1112.

III. *Etat*, ſous Alfonſe I. fils de Henri Roi de Portugal en 1139.

IV. *Etat*, ſous Philippe II. Roi d'Eſpagne en 1580.

V. *Etat*, retour à l'Heritier légitime Jean Duc de Bragance 1640.

Les Rois de Portugal ſont du Sang de France : car le Comte Henri, dont on vient de parler, étoit fils d'un Henri, fils de Robert, qu'on ſçait certainement être fils de Robert Roi de France, qui lui donna pour appanage le Duché de Bourgogne.

Les S a r a s i n s, qui descendent d'A-gar & d Ismaël, sont originaires d'Arabie. Ce nom vient du mot Arabe, qui signifie *brigander*, ce qui convient à leur maniere de vivre. Ils commencerent à se faire craindre dans le V. siecle, & depuis s'étant attachez à Mahomet, ils firent profession de sa Secte. Les Turcs étant devenus maîtres des Etats de Sarafins, ils en abolirent jusqu'au nom.

S a v o y e, qui a eu ses Comtes & ses Ducs, faisoit partie de la Gaule Narbonoise & partie de la Celtique ou Lyonnoise.

Berold ou Bertold, qui vivoit dans le XI. siecle, est la tige de cette Famille Royale, & descend de VVitikind le Grand, Duc de Saxe & d'Angrie.

Il n'étoit d'abord que Comte de Savoye & de Maurienne, mais ses Successeurs ajoûterent divers Domaines au leur, & rendirent par là leur petit Etat plus considerable.

Il y a eu 16 Comtes de Savoye durant 437 ans. Le premier est ce Berold.

En 1397, l'Empereur Sigismond érigea en Duché le Comté de Savoye, en faveur d'Amedée VIII. C'est lui qui fut élû Antipape par le Concile de Bâle, & ayant abdiqué 2 ans après, retourna à sa retraite de

Ripailles, & mourut en 1450.

S u e d e : Elle n'a eu des Rois que vers le milieu du XII. fiecle. Le Royaume étoit autrefois électif; il devint héréditaire en 1544 fous Guftave I. qui en 1527 y introduifit le Lutheranifme.

Il eft rentré depuis dans le droit électif, ce qui arriva ces années dernieres le marque expreffément : car Ulric-Eleonor de Suede, après la mort de fon frere Charles XII. fut obligée de reconnoître par écrit que le droit d'élire le Roi appartenoit aux Etats, qui en effet l'élurent pour leur Reine le 3 Février 1719, le jour de fa naiffance, & pour Roi Frederic de Heffe-Caffel fon époux le 4 Avril 1720, à la priere de la Reine.

I. *Etat*, fous le Paganifme.

II. *Etat*, fous le Chriftianifme en Biorn I. Roi Chrétien en 806 ou 812 : car cette année il fit prier Charlemagne de lui envoyer des Prêtres pour inftruire fon Païs en la connoiffance de l'Evangile.

III. *Etat*, union de la Suede & du Dannemarck en Marguerite l'an 1387.

IV. *Etat*, féparation d'avec le Dannemarck en Charles IV. Canut l'an 1448.

V. *Etat*, union de ces 2 Royaumes en Chriftierne de Dannemarck, 1457.

VI. *Etat*, féparation en Canut, derechef 1464.

VII. *Etat*, fous la Maifon de Vafa en Guftave I. 1523.

VIII *Etat*, en Sigismond, sur qui son oncle Charles IX. de Sudermanie usurpa la Suede, ce qui est le IX. *Etat*.

X. *Etat*; sous le Palatin du Rhin en Charles Gustave, 1654.

XI. *Etat*, sous Ulric-Eleonor sœur de Charles XII, &c.

La S u i s s e étoit anciennement la demeure des Helvetiens, si connus dans les Commentaires de Cesar : le Canton de Schwwitz lui a donné le nom qu'elle porte aujourd'hui. Elle s'est soustraite de la domination de l'Empereur, que la conduite des Gouverneurs leur avoit rendue insuportable. Ce fut vers l'an 1308, & en 1513, que la Republique des XIII. Cantons fut entierement formée. V. *l'art. de la Geographie.*

Les T a r t a r e s : ces Peuples sont si peu connus, que les Geographes ni les Historiens ne nous instruisent pas beaucoup sur leur origine. Tout ce qu'on sçait, c'est qu'ils habitoient la *Scythie*, qu'on nomme aujourd'hui *Tartarie*, du nom de la riviere *Tartar*, qui coule dans cette vaste Region.

Ces Peuples n'ont commencé à être connus sous le nom de Tartares, que depuis le XII. siecle.

On divise la Tartarie en *grande & petite* : la premiere est dans d'Asie, renfermée entre la mer Glaciale, celle de la Chine,

Chine, avec le Détroit d Anian, la mer Caspienne, les Etats de Perse & de la Chine, les fleuves Obi & Tanaïs.

La petite Tartarie est en Europe, & comprend l'ancienne Cherfonefe Taurique, & divers autres Païs entre le Nieper & le Tanaïs.

[On prétend que c'est de la Scythie que sont sortis les Gaulois, les Celtes, les Saxons, les Cimbres, les Teutons, les Goths, les Vandales, les Alains, les Geres, les Huns, les Bulgares, les Sarmates, les Germains, les Turcs, les petits Tartares, &c. qui font regarder cette Nation comme la mere d'une infinité de peuples. *Method. de M. l'Ab. Langl.*]

Les TURCS : ces peuples sont originaires du *Turkeftan*, Province entre la grande Tartarie & l Empire du Mogol : lesModernes le prennent pour le Royaume de Thibet. Ils fe rendirent redoutables à leurs voifins ; entrerent en Perfe l'an 1030, & en 1298 ou 1300, Ottoman jetta les fondemens de cet Empire ; Burfe ou Bourfe en Bithinie en fut d abord le fiege, & enfuite Andrinople & Constantinople, qui fut prife par Mahomet II. l'an 1453.

VANDALES. I. *Etat*, fçavoir le long de la Viftule, vers la Pologne, fous Modogifil ou Gondogifil durant 30 ans, en 387.

II. *Etat*, en Efpagne, fous leur Roi

Gondéric, l'an 412, *D.* 16.

III. *Etat*, en Afrique, *N.* 6, *D.* 106, en Gonféric leur Roi, l'an 426.

L'an 533, finit le redoutable Royaume des Vandales, qui paſſe à l'Empire d'Orient par la valeur du grand Beliſaire, lequel avec une flote de 500 navires, conquit l'Afrique ſur les Vandales, & la diviſe en ſept Provinces aſſujetties à l'Empire, apres avoir pris Carthage même.

VENISE : on en rapporte la fondation à l'an 421, de ſorte que ce ſeroit un des plus anciens Etats de l'Europe.

On ajoûte que les Padoüans étant maîtres des Lagunes, & ayant un Port en celle de Rio-alto, délibererent d'en faire un lieu conſiderable pour aſſurer le commerce de la mer : Que pour cet effet l'an 421, le Senat de Padoüe y envoya 3 Conſuls, & fit proclamer Rio-alto, Place d'aſile & de refuge à tous ceux qui voudroient s'y aller établir, & qu'en 453 ceux que les ravages d'Attila obligerent de ſe retirer, ne firent que l'augmenter.

SECONDE PARTIE.

De la Geographie.

LA Geographie eſt un mot Grec qui ſignifie deſcription de la Terre, qui étant ronde, on la nomme auffi Globe terreftre.

On a reprefenté fur un Globe artificiel toutes les parties du Monde par rapport à la fituation des unes à l'égard des autres, avec les principaux cercles dont la Sphere armillaire eft compofée ; fçavoir, d'un axe, de points & de cercles.

L'axe eft une ligne droite qui traverfe la Sphere d'un Pôle à l'autre.

Les points font au nombre de 6, le Septentrion ou Pôle Arctique, le Midi ou Pole Antartique, l'Orient & l'Occident, le Zenit & le Nadir : le Zenit eft le point du Ciel qui eft fur nos têtes, & le Nadir eft celui qui lui eft oppofé.

Il y a 10 cercles dans la Sphere, 6 grands & 4 petits. Les grands font l'Equateur, le Zodiaque, les deux Colures, l'Horifon & le Meridien, qui tous coupent la Sphere en deux parties égales.

Les petits font les 2 Tropiques & les 2 Cercles Polaires : ceux-ci la coupent en deux parties inégales.

L'Equateur eft auffi nommé Equinoxial, parce que quand le Soleil y eft arrivé, les nuits font égales aux jours, fçavoir le 21 Mars & le 23 Septembre; c'eft-à-dire, que les jours & les nuits font de 12 heures par toute la terre.

Le Zodiaque, qui coupe la Sphere obliquement, eft ainfi nommé d'un mot Grec,

qui signifie *animal*, parce qu'on y represente les 12 signes sous la figure d'animaux, exprimez dans ces deux Vers:

 Sunt Aries, Taurus, Gemini, Cancer,
  Leo, Virgo,
 Libra, Scorpius, Arcitenens, Caper,
  Amphora, Pisces.

Le 2 Colures servent à marquer les 4
Saisons de l'année, dont l'un est appellé
le Colure des Solstices, & l'autre des Equi-
noxes.

L'Horison est ou rationel ou sensible;
le premier que l'on ne voit pas, coupe la
terre en deux parties égales, & le deuxiéme est cette étenduë qu'on apperçoit de
ses yeux en regardant autour de soi; il sert
à marquer le lever & le coucher du Soleil.

Le Meridien est ainsi nommé, parce
qu'il est midi à tous ceux qui sont dessous;
chaque païs a le sien.

Les Tropiques sont éloignez de l'Equateur de 23 degrez & 29 m. le Tropique du
Cancer est au Septentrion de l'Equateur,
& celui du Capricorne au Midi.

Les Cercles Polaires sont éloignez des
Pôles du Monde de 23 d. & de 29 m. l'un
se nomme le Pôle Arctique, du mot Grec
Arctos, qui signifie l'Ourse, qui marque le
Septentrion, & l'autre qui lui est opposé,
s'appelle le Pôle Antarctique.

Ces 4 petits cercles divisent la surface
du Globe en 5 parties appellées *Zones*,

qui fignifient ceintures ; fçavoir, la Zone torride, comprife entre les 2 Tropiques, ainfi nommée parce qu'elle eft expofée aux rayons perpendiculaires du Soleil.

Les 2 temperées font les efpaces comprifes entre les Tropiques & les Cercles Polaires.

Les 2 Zones froides font les efpaces qui reftent depuis les Cercles Polaires jufqu'aux Pôles.

Divifion generale du Monde.

ON le divife en ancien & nouveau Monde : l'ancien comprend l'Europe, l'Afie & l'Afrique, & le nouveau l'Amerique.

L'EUROPE eft fituée entre le 9 & le 93 degré de longitude, & entre le 34 & 73 de latitude.

Elle eft bornée au Nord par la Mer Glaciale, à l'Occident par la Mer Atlantique, au Midi par la Mediterranée, & à l'Orient par l'Archipel, le Détroit des Dardanelles, &c.

Son étenduë, de l'Eft à l'Oüeft, eft de 1200 lieuës, & du Nord au Sud de 700 lieuës ; ainfi elle eft moins grande que l'Afie & que l'Afrique, mais mieux peuplée, prife en general ; mieux cultivée & plus remplie de villages, de Bourgs & de Villes.

Les Arts & les Sciences y florissent davantage, & les hommes y sont plus doux & plus sociables.

Pour les Gouvernemens, ils sont *Monarchiques*, comme en France, en Espagne, en Portugal, en Dannemarck, en Suede & en Boheme.

Le *Despotique* en Turquie & en Moscovie; l'*Aristocratique* à Venise, à Genes, &c. le *Démocratique* en Suisse, en Hollande, &c.

Il y a 5 Religions; la Mahometane, la Grecque, qui est Schismatique, la Catholique Romaine, la Protestante ou Lutherienne, & la Reformée ou Calviniste.

Et 3 Langues; la Latine, dont l'Italienne, la Françoise & l'Espagnole sont des dialectes; la Teutonne en Allemagne, Suede, Dannemarck, &c. l'Esclavone, & d'autres moins étenduës, la Grecque, &c.

Sanson divise l'Europe en 9 parties generales; 3 vers le Nord, les Isles Britanniques, les Couronnes du Nord Dannemarck, Suede & leurs dépendances, & la Moscovie.

3 au milieu; la France avec les Duchez de Lorraine & de Savoye; l'Allemagne avec les Pais-Bas; les Suisses & leurs Alliez & le Royaume de Boheme; la Pologne, la Lithuanie & la Prusse.

Les 3 du Midi sont, l'Espagne & le Portugal; l'Italie & la Turquie en Europe, où l'on met la petite Tartarie, la Hongrie, avec ses anciennes dépendances, Transilvanie Valaquie, Moldavie, Esclavonie, Bosnie, Croatie, Dalmatie & la Servie, la Bulgarie, la Romanie & la Grece.

Les Isles Britanniques

Renferment l'Angleterre, l'Ecosse & l'Irlande, sous le nom de la Grande Bretagne; elle est située entre le 14 & 23 d. de longitude & le 50 & 62 de latitude.

L'ANGLETERRE a été ainsi nommée des Anglois-Saxons, peuples de Basse-Saxe, qui y vinrent vers l'an 450 de J. C.

L'air y est assez doux, mais plus humide que froid; elle est fertile en grains, en fruits, en gibier, en bétail, & fort riche par son commerce : l'étain, le plomb, le charbon de terre, le beure, le fromage les taffetas, les bas d'estames & les draps lui produisent beaucoup.

Il y a aussi des eaux minerales à Bath, Barnet, Epsom & Tunbrige. Les rivieres principales sont la Tamise, la Saverne & l'Humbert.

Son Gouvernement est Monarchique & Aristo-Démocratique, à cause du pouvoir des deux Chambres, la Haute composée des Seigneurs, & la Basse des Communes. Les beaux Arts & les sciences y sont bien cultivez.

Les Anglois sont grands & bienfaits,

braves, adroits, spirituels. On les accuse d'etre presomptueux, inconstans & coleres.

Le Roi est le Chef de la Religion Episcopale, ainsi dite parce qu'elle a retenu les Evêques, qui la gouvernent depuis la Reine Elizabeth, 1559.

Il n'y a point de loups depuis 966 sous le regne du Roi Edgard.

On divise l'Angleterre en Angleterre propre & Principauté de Galles; la I. contient 40 Shires ou Comtez, & la II. 12, en tout 52.

Londres sur la Tamise est la Capitale d'Angleterre, le séjour de ses Rois, & le lieu de l'assemblée du Parlement; c'est une des plus riches & des plus considerables villes de l'Univers.

Oxford, où il y a Evêché & Université, la 2 des 4 premieres de l'Europe, en cet ordre, Paris, Oxford, Bologne & Salamanque.

Cornuaille est celebre par ses riches mines d'étain fort fin.

La Principauté de Galles, qui a eu ses Princes particuliers & indépendans, est devenüe un de Appanage des fils ainez d'Angleterre, depuis 1282 que Edoüard I. en fit la conquête.

Carnarvan passe pour la Capitale. Edoüard II. y est né, & a été le premier Prince de Galles.

II. L'Ecosse : fon air eft froid & fujet aux vents, & le terroir beaucoup moins fertile qu'en Angleterre, à laquelle la Reine Anne l'a unie, ainfi de Royaume elle eft devenuë Province.

Son commerce confifte en fer, en plomb & en poiffon falé, & la Religion eft la Calvinifte.

Elle fe divife en Meridionale & Septentrionale, feparée par la riviere du Tay.

La I. contient 13 Provinces, & la II. 22. Ses Ifles font les Hebride ou VVefternes, les Orcades & les Ifles de Schetlang.

Edimbourg eft Capitale de l'Ecoffe ; il y a une Univerfité, & fon Evêque précéde tous ceux du Royaume. *Duns* eft célébre par la naiffance du fameux Jean Scot ou le Docteur fubtil.

Glafcovv, a un Archevêché & une Univerfité : fon terroir eft fi bon & fi beau, qu'on l'appelle *le Paradis a'Ecoffe*.

III. L'Irlande : cette Ifle, nommée autrefois Hibernie, eft au couchant de la grande Bretagne ; c'eft un Païs très-humide, mais très-fertile, & où l'on vit à bon marché.

Son commerce, qui n'eft pas confiderable, confifte en cuirs, beure, en chair fumée, en poiffon falé, en frifes & autres étoffes de laine.

Les Irlandois font de belle taille &

blonds, mais rudes & faineans.

La Religion est Episcopale. Il y a 4 Archevêchez, Armach, Dublin, Toam & Cassel, & 12 Evechez; il y en avoit autrefois 50.

Cette isle a eu des Rois & des Seigneurs particuliers jusqu'en 1172, qu'Henri II. Roi d'Angleterre la soumit.

On la divise en 4 Provinces, l'Ultonie, la Conacie, la Momonie & la Lagenie.

Dublin est la Capitale de l'Irlande, & la seconde Ville des Etats du Royaume de la Grande Bretagne. Elle est fort peuplée, a un bon Port, une Université fondée en 1300, & un Archevêché.

DANNEMARCK: il est situé entre le 28 & 38 d. de longitude & le 54 & 58 de latitude. Il a au Nord & à l'Oüest l'Ocean septentrional, au Midi l'Allemagne, & à l'Orient la Mer Baltique. Ce Pais est l'ancienne *Cherfonese Cimbrique*.

L'air y est froid, mais assez sain; on y nourrit quantité de betail, entr'autres des bœufs & des chevaux, il y a des cerfs & du gibier.

Ce Royaume, qui est très-ancien, devint hereditaire & purement Monarchique en 1660, sous Frederic III. Le revenu du Roi est de 5 à 6 millions: le peage du Sund fait environ le tiers.

Les Danois ont de l'esprit, aiment les Arts & les Sciences, mais dissimulez; le Pais est très peuplé.

La Religion Lutherienne y domine depuis 1539, que Christierne III. en bannit la Catholique.

On la divise en Nord-Jutlan & en Sud-Jutlan, à cause de leur situation.

Le I. est divisé en 4 Dioceses, dont les Capitales sont Ripen, Arhus, VVibord & Albord.

Le II. le Duché de Slesvvick est plus petit que l'autre, & divisé en 9 Bailliages ou Préfectures.

Les Isles du Dannemarck sont la Zelande, dont *Copenhague* est la Capitale & de tout le Royaume ; elle est située sur le Sund, & son Port est un des meilleurs de l'Europe ; son Arsenal est bien entretenu, & son Université fort célébre.

Les autres Isles sont celles de Fionie, de Falster, de Lalland, de Samsoé, de Véen, &c.

NORVEGE : elle est située entre le 24 & le 25 d. de longitude & le 58 & 73 de latitude.

L'air y est fort froid ; aussi les habitans sont-ils plus robustes que les Danois. Elle a la Suede au Levant, dont elle est séparée par une longue chaîne de montagnes ; dans les autres côtez, elle est baignée par l'Ocean.

Sa situation la rend sterile & fort pauvre. On en tire des mats de Vaisseaux, des poutres, des planches, de la poix, du goudron, du fuif, de la réfine, des fourures & du cuivre.

Le Viceroi qui la gouverne réfide à Chriftiania ou Obflo, Capitale du Royaume.

C'eft la même Religion qu'en Dannemarck ; il y a quatre Evêchez, Chriftiania, Dronthen, Berghen & Stavanger.

On la divife en 4 Gouvernemens, Chriftiania, Berghen, Dronthen & celui de VVardus.

Il y a encore la Laponie, où l'hiver dure 9 mois, dont 3 font une nuit continuelle : les autres Laponies font la Danoife & la Suedoife.

Les dépendances de la Norvege, font les Ifles Iflandes & les Ifles Fero.

La SUEDE, fituée entre le 33 & le 36 d. de longitude & le 55 & 71 de latitude, eft le plus grand des trois Royaumes du Nord.

L'air y eft extrémement froid, & l'hiver y occupe les trois quarts de l'année & l'été l'autre quart. Cela n'empêche pas que les Suedois ne foient forts & vigoureux, & ne vivent long-tems.

Ils font braves & guerriers, fideles à leur Prince, fomptueux dans leurs habits & ménagers en ce qui regarde leur table. La Nobleffe fe vante volontiers, aime à voyager, les exercices du corps, & les fciences. Le peuple eft peu laborieux, à moins que la neceffité ne le preffe.

Il y a quelques endroits assez fertiles, mais le reste n'est que bois, bruyeres & montagnes.

Ses denrées sont du cuivre, du fer, de la poix, de la résine, des mâts de Vaisseau, des sapins, des fourures qu'elle change contre du sel, du vin, du sucre, de l'huile, du tabac, du papier, des épiceries, de la toile, des draps, des étoffes de soye, &c.

On divise la Suede en huit parties. La Suede propre, la Gothie, le Schonen, le Gouvernement de Bahus, les Nordeiles ou Provinces du Nord, la Finlande, l'Ingrie & la Livonie.

L'Archevêque d'Upsal est Primat du Royaume, & a pour Suffragans Linkoping, Scara, Arosen, VVexsio, Abo & VVibord.

Stockolm Capitale de la Suede & le séjour ordinaire de ses Rois, est bâtie comme Venise sur pilotis, & contient 6 Isles; son Port est sûr & spacieux, ce qui la rend fort marchande. A demie-lieuë de cette Ville est la Maison Royale de *Jacobdal*, la plus belle de toute la Suede, où le Roi va passer l'été.

MOSCOVIE : elle est située entre le 50 & 93 d. de longitude & le 47 & 71 de latitude. La Mer Glaciale la borne au Nord, la grande Tartarie à l'Est, le Don & la petite Tartarie au Midi, la Pologne & la Suede à l'Oüest.   E iij

Le froid y eſt exceſſif, & vers le Midi les
chaleurs très-incommodes; hors quelques
Provinces, le reſte du païs eſt preſque ſte-
rile, à cauſe des bois, des lacs & des ma-
rais.

Les peaux de renards noirs, de caſtors,
d'ours blancs, d'écureüils, & ſur tout de
martes-zibelines, dont le commerce appartient au Czar ſeul, produiſent beaucoup. Les autres denrées ſont les cuirs de
bœufs, d'élans & de vaches de rouſſi, lin,
chanvre, talc, ſuif, cire jaune, miel &
mâts de Navires, que les Moſcovites chan-
gent contre de la ſoye, des étoffes d'or &
d'argent, des draps de laine, &c. car ils
ne donnent jamais d'argent dans le commerce.

L'Empereur leve des droits ſur tout;
ainſi ſes richeſſes doivent être immenſes;
& ce qui les augmentent encore, c'eſt qu'il
herite de tous ceux qui meurent *ab inteſtat*
ou qui ſont accuſez de crimes.

Ces peuples étoient ci-devant rudes,
groſſiers & yvrognes : toute leur ſcience
étoit de ſçavoir lire & écrire, & celle des
Prêtres mêmes ſe bornoit là.

Leur Religion eſt la Grecque, ſous l'autorité d'un Patriarche, à preſent indépendant de celui de CP. Les Czars ſe ſont at-
tribué le droit de l'eglise.

On diviſe la Moſcovie en *Septentrio-*
nale & Meridionale, qui renferment chacune 16 Provinces.

Celles de la I. font la Laponie Mofcovite, Kergapol, Dvvina, Condora, Ju-
horski, Petzora, Obdora, Permiski, U-
viatka, Czeremiffes Logovvoy, Nifi-No-
vogorod, Ouftiough, VVologda, Biela-
Ozero, Novogorod-VVieliki & Pleskou.

Celles de la II. font Refchovv, Bielski,
Smolensko, Severie ou Novogrodeck-
Sevvierski, Czernikovv, Ukraine Mofco-
vite, VVorotin, Rezan, Mofcovv, Tvver,
Rofthovv, Jaroflavv, Sufdal, VVolodi-
mer, Païs des Czeremiffes Nargonoy & le
Païs des Morduates.

Mofcovv Capitale eft fur la Mofca, d'où
elle prend fon nom; elle paffe pour une
des plus grandes de l'Europe, les rües n'y
font point pavées. On la divife en quatre
quartiers, tous feparez par un mur; dans
le I. eft le Château de Cremenela où font
les appartemens du Czar & du Patriarche;
l'Eglife Patriarchale de l'Affomption de la
Vierge y eft auffi fituée : on y voit cette
fameufe cloche, qui furpaffe toutes les autres, & même celle de Roüen; 32000 livres de métal entrerent dans fa compofi-
tion, fans compter le déchet; & ce qui eft
admirable, c'eft un Fondeur Mofcovite qui
l'a faite en 1653. On la frape quand le
Czar couche avec la Czarine. Mofcovv eft
affez marchande à caufe de fa fituation,
entre Aftracan, Archangel & Narva. Les
maifons y font de bois, & on y en vend

de routes faites au marché.

La FRANCE eſt ſituée entre le 15 &
30 d. de longitude & le 42 & 52 de latit.
de ſorte que ſa longueur eſt d'environ
200 lieuës, & ſa largeur de 180.

On y reſpire un air pur, ſerein & tem-
peré ; elle abonde en grains, en légumes,
en chanvre, en lin, en vins, en huiles, en
miel, en fruits, en pâturages, en beſtiaux,
en gibiers, en poiſſons & en ſel, en étoffes de ſoye & de laine, en toile, &c.

Il y a des mines de plomb & de cuivre,
& s'il n'y en a point d'or & d'argent, les
denrées dont on vient de parler, lui en
tiennent lieu, & lui attirent l'or & l'argent
des Etrangers. Enfin on peut dire que la
France eſt le plus floriſſant Etat qu'il y ait
en Europe. Elle peut ſe paſſer de tous ſes
voiſins, & difficilement ſe peuvent-ils paſſer d'elle.

C'eſt un Etat purement Monarchique,
où les filles ne ſuccedent pas : il y a eu
66 Rois depuis Pharamond [420] juſqu'à
Loüis XV.

Les François ſont bien faits, bons ſol-
dats, polis, ſpirituels, magnifiques en
tout, mais un peu inconſtans & peu cir-
conſpects. Ils aiment les ſciences, les arts
& les exercices où ils réüſſiſſent fort bien :
à l'égard de la Langue, V. *les Remarques*
ci-après.

La Religion Catholique y a toûjours été

depuis 496 que Clovis I. se fit Chrétien ;
la Calviniste en a été bannie par la révocation de l'Edit de Nantes en 1685. Il y
a 18 Archevéchéz & 109 Evéchez; 12 Parlemens & 17 Universitez, & par toutes les
Villes des Colleges pour l'institution de la
jeunesse.

On divisoit autrefois la France en 12
Gouvernemens Generaux, qui étoit sans
doute la meilleure division; mais aujourd'hui on la divise en 3 parties, *Septentrionale*, *Mitoyenne* & *Meridionale*, ou sont
37 Gouvernemens.

La I. en contient 12, qui sont Paris,
l'Isle de France, Normandie, Havre de
Grace, Picardie avec l'Artois, Dankerque,
Flandres ou Païs conquis, Champagne,
Metz & Verdun, Toul, celui de la Sarre &
d'Alsace.

La II. 15, la Franche-Comté, Duché de
Bourgogne, Nivernois, Maine & Perche,
Bretagne, Anjou, Saumurcis, Poitou, Aunis, Saintonge avec Angoumois.

La III. renferme la Guyenne, Limosin,
Auvergne, Lionnois, Dauphiné, Provence, Languedoc, Roussillon, Foix, Basse-
Navarre & Bearn. Les plus considerables
Villes de France sont les suivantes:

PARIS Capitale de tout le Royaume,
située dans l'Isle de France sur la Seine.
Son antiquité, sa grandeur, la magnificence de ses bâtimens & places publiques,

le nombre de ses habitans, ses richesses, son commerce, & les Arts & les Sciences qui y fleurissent, la rendent une des plus importantes Villes de l'Europe, & vérifient le proverbe : *Paris sans pair.*

Il y a 5 Bibliotheques publiques ; celle du Roy, la plus riche de l'Europe, de S. Victor, du College de Mazarin, celle des PP. de la Doctrine, ouverte depuis quelques années, & celle des Avocats.

Dès le III. siecle il y a eu un Evêché, & ce fut en 1622 que Gregoire XV. l'érigea en Métropole.

Dijon, Capitale du Duché de Bourgogne, est recommandable par son Parlement, la Chambre des Comptes, &c. son Université, & par ses bâtimens & ses vins. Les meilleurs de la Province sont ceux de Nuits, de Beaune, de Savigni, à une lieuë de cette Ville ; de Pommar, de Volnay, de Chassagne, de Chambertin, &c. les grains & le gibier y sont très-bons ; il y a aussi à Dijon une Bibliotheque publique, laissée aux Jesuites à cette condition par M. l'Abbé Févret Conseiller-Clerc au Parlement.

Bezançon, Capitale du Comté de Bourgogne, a un Parlement [la Chambre des Comptes est restée à Dole] un Siege Archiepiscopal & une Université. Elle est défenduë par une bonne Citadelle & le Fort Griffon, au-dela du Doux.

Lyon, au confluant de la Saône & du Rhone, est après Paris, la meilleure Ville du Royaume & des plus riches; son commerce est si étendu, qu'on l'appelle le Magazin de la France; & on dit communément que *si Paris est sans pareil, Lyon est sans compagnon.*

Marseille, est celebre par son antiquité, [elle doit sa naissance aux Phocéens qui vinrent s'y établir] par son commerce & par son Port, un des plus beaux de la Mediterranée.

Toulon, est Ville forte sur la Mer où elle a un bon Port avec un fort bel Arcenal. Elle est le Siege d'un Evêché, & le second Département de la Marine de France.

Toulouse, sur la Garonne, Capitale du Languedoc & autrefois des *Tectosages*, est Archiepiscopale. Ce qu'il y a de plus remarquable est son Hôtel de Ville, sa Nobielle, son Parlement, son Université, les festins des Capitouls & le fameux moulin de Bafacle, qui fut ruiné il y a 3 ans par une inondation, où il perit beaucoup de monde, ce qui causa un grand dommage à la Ville, qui perd à la ruine de ce moulin 40 ou 50 m. écus de rente. Il y a aussi une Academie de beaux Esprits. V. *les Remarques.*

Bourdeaux, sur la Garonne, est Capitale de toute la Guyenne, le Siege d'un Parlement, d'un Archevêque, d'une Univerſité, d'une Academie de Belles Lettres : elle eſt riche & très-marchande. Ses anti-quitez meritent d'être vûës.

Rennes, ville ancienne & Siege de ſes Ducs, eſt ſituée au confluant de l'Iſle dans la Villaine, qui la traverſe & y fait fleurir le commerce en y amenant de groſſes barques de la mer : il y a Evêché & Parle-ment.

Orleans, ainſi nommée de M. Aurele qui la fit bâtir ſur la Loire. Elle eſt célebre non ſeulement par ſon commerce, ſon Univerſité de Droit, & pour être l'Appa-nage du ſecond Fils de France, & le Siege d'un Evêché : mais encore pour avoir ſou-tenu en 1428 le ſiege contre les Anglois, par le ſecours qu'y apporta Jeanne d'Arc, dite depuis *La Pucelle d'Orleans*, où elle eſt repreſentée en bronze ſur le pont.

Tours, ſur la Loire, eſt Capi. de la Tou-raine, qui eſt ſi fertile, qu'on l'appelle *le Jar-din de la France*. Cette Ville eſt très-agrea-ble & renommée par ſes etoffes de ſoye.

Roüen, Capitale de la Normandie, avec un Port ſur la Seine eſt une Ville des mieux peuplées & des plus riches du Roïaume. Il y a Archevêché & Parlement; ſa Cathedrale eſt dédiée à la Sainte Vierge; c'eſt là qu'on voit la fameuſe cloche ap-pellée *George d'Ambaiſe*.

Voici les Provinces Frontieres de Fran-ce.

Les *Païs-Bas*, se divisent en Païs-Bas Catholiques & Païs-Bas Protestans ou Provinces Unies.

Les I. comprennent l'Artois, la Flandre, le Hainaut, Namur, Luxembourg, Limbourg, & Brabant, dont les Villes les plus considerables sont Bruxelles, Mons, Namur & l'Isle, où il se fait, dit-on, un commerce de 6 millions tous les ans ; Malines, Archevêché, connuë par ses dentelles ; Louvain & Doüay, 2 Universitez celébres.

Les II. sont au nombre de 7, Gueldre, Hollande, Zélande, Utrecht, Frise, Groningue & Overissel.

Cette République est une des plus sages, des mieux policées & des plus riches de l'Europe : ce qui la rend considerable, c'est la beauté & la richesse de ses Villes, son grand commerce sur mer, ses Manufactures, son Imprimerie, la plus belle du monde ; outre cela les Sciences & les Arts y sont très-bien cultivez ; ses principales Villes sont Amsterdam, Rotterdam, patrie d'Erasme, la Haye & Leyde.

La LORRAINE, est un Duché des plus fertiles & des plus anciens de l'Europe. Il produit du bled & du vin en abondance ; les bois, les prairies, de bons pâturages, qui nourrissent beaucoup de bétail, n'y manquent pas.

Les Lorrains sont tous Catholiques & affectionnez à leur Duc, qui est Prince de

l'Empire, à caufe du Marquifat de Nome-
ni & du Comté de Blanmont : mais d'ailleurs indépendant de l'Empire. Pour le
Duché de Bar, il le tient en Fief & Hom-
mage de la France.

On divife cet Etat en 2 Duchez, celui
de Lorraine & celui de Bar. La Capitale
du premier eſt Nancy fur la Meurte & Bar-
le-Duc du fecond.

La S U I S S E, fous laquelle on comprend auſſi les Grifons, eſt en general
peu fertile, à caufe des frequentes montagnes : cependant il y a des endroits qui
produifent la plûpart des chofes neceſſai-
res à la vie, & meme du vin affez bon; fon
gibier, fon beure & fes fromages font eſti-
mez.

Les Suiffes font grands & bien faits,
forts & robuftes, fort fideles, francs & religieux obfervateurs de leur parole.

Cette Republique, malgré l'air de grof-
fiereté qui femble y regner, eſt fort judi-
cieufe, & entend bien fes interets.

Elle eſt compofée de 13 Cantons : les
voici dans l'ordre qu'ils tiennent dans leur
féance; Zurich, Bern, Ury, Schvvitz,
Underval, Zug, Glaris, Bâle, Fribourg,
Soleure, Schafhoufe, Lucerne & Apenfel.
Il y en a 7 Catholiques & 6 Proteftans.

Les Catholiques font Lucerne, Ury,
Fribourg, Soleure, Underval, Schvvitz
& Zug.

La Savoye, est un Païs de montagnes, presque toûjours couvertes de neige, c'est qui fait que ses habitans sont sujets au goistre, & que le terroir est peu fertile.

Les Ducs de cette Maison se qualifient Rois de Cypre, depuis Loüis de Savoye, qui épousa la fille unique de Jean Roi de Cypre.

Celui d'aujourd'hui fut reconnu pour Roi de Sicile en 1713, & à present on le qualifie de Roi de Sardaigne depuis 1720.

Ce Païs se divise en 6 parties, 3 vers le Septentrion, & 3 vers le Midi.

Les I. sont le Duché de Genevois, Capitale Annecy; le Duché de Chablais, Capitale Tonon; la Baronnie de Fossigny, Capitale Bonneville.

Les III. autres sont le Duché de Savoye propre, Capitale Chambery, le Comté de Tarentaise, Capit. Moutiers ou Moustiers; le Comté de Maurienne, Capit. S. Jean Maurienne, Evêché.

L'Allemagne: si on la considere en general, elle renferme l'Empire, la Boheme, les Païs-Bas, la Franche-Comté, les Suisses & leurs Alliez, & même la Lorraine & la Savoye. [Il ne faut pourtant pas oublier que les Païs-Bas & les suivans faisoient partie de l'ancienne Gaule.] Ainsi elle est comprise entre le 45 & 55 d. de latitude, & le 27 & 41 de longitude.

Ce païs est fort étendu, & l'air different selon la situation. Il faut néanmoins qu'il soit bon, puisqu'on y vit si long-tems. Il y croît quantité de bled, des vins assez estimez, aussi-bien que ses chevaux, qui sont son plus grand commerce, des ouvrages de quincaillerie, des montres, des horloges, &c.

Les Allemands sont bien faits, braves, robustes & laborieux : on les accuse, peut-être à tort, d'être ambitieux, vindicatifs, défiants & avares. Ils cultivent les Sciences, & aiment à voyager.

Le Gouvernement est en quelque façon Monarchique & Aristo-Démocratique, c'est à dire, que les Princes de l'Empire, & les Villes Imperiales, qui marquent le peuple, composent tous ensemble les Diétes : car quoique l'Empereur soit le chef de ce vaste corps, il n'est pas le maître absolu. la souveraineté en appartient aux Etats ou Diétes generales.

On distingue ces Etats en 3 classes : 1 le College des Electeurs; 2 des Princes de l'Empire, & 3 des Villes Imperiales : distinction qui fut établie à Francfort en 1582.

Les Electeurs ont droit d'élire l'Empereur. V. leur nombre dans la III. Partie. Je dirai seulement ici qu'ils sont souverains dans leur étenduë.

Le College des Princes comprend tous
les

les autres Princes, ſoit Séculiers, comme Ducs, Marquis, Landgraves, &c. ſoit Eccleſiaſtiques, comme Archevêques, Evêques, Abbez, &c. Ils ont ſéance & voix déliberative dans les Diétes.

Le College des Villes Imperiales s'aſſemble à part, comme les 2 précedens.

On ſuit en Allemagne 3 Religions, la Catholique, la Lutherienne & la Calviniſte. Il y a 19 Univerſitez.

Il n'y a proprement point de Ville Capitale. *Vienne* l'eſt de l'Archiduché d'Autriche, & le ſejour de l'Empereur; elle n'eſt pas fort grande, mais belle & bien peuplée; elle eſt ſituée ſur le Danube.

On diviſe l'Allemagne en 10 Cercles; 1 l'Autriche, 2 le Cercle de Baviere, 3 de Soüabe, 4 de Franconie, 5 de Haute-Saxe, 6 de Baſſe-Saxe, 7 de VVeſtphalie, 8 du Bas Rhin, 9 du Haut-Rhin, 10 & celui de Bourgogne, qui comprenoit la Franche-Comté & les Païs-Bas qui ſont indépendans de l'Allemagne.

La Hongrie a au Nord la Pologne, à l'Orient la Tranſilvanie & la Valaquie; au Midi la Save, qui la ſépare de la Croatie, &c. à l'Occident l'Allemagne & la Boheme.

L'air ni les eaux, hors celles du Danube, ne ſont pas ſaines: mais le terroir eſt très-fertile en bled, en pâturages & en vins excellens. Il y avoit auſſi des mines

de fer, de cuivre, de fel, d'or & d'argent:
aujourd'hui tout y eft presque ruiné, & le
païs fort defert.

Ce Royaume d'électif eft devenu hereditaire dans la Maifon d'Autriche, depuis
1687. Les Hongrois font femblables aux
Allemans pour les mœurs, ils ont une langue propre ; mais ils entendent la Latine
& l'Allemande.

Il y avoit autrefois de toutes fortes de
Religions : mais l'Empereur n'y veut plus
fouffrir que la Catholique, qui eft fous la
direction des Archevêques de Gran & de
Coloez.

On divife la Hongrie en *Haute* & *Baffe*,
& en Efclavonie. Ces trois parties contiennent 54 Comtez, dont 34 dans la premiere , 14 dans la feconde & 6 dans la
troifiéme.

La Pologne eft fituée entre le 38
& 60 degré de longitude , & le 47 & 58
de latitude. Elle a au Nord la mer Baltique , la Suede & la Mofcovie ; au Midi la
Beffarabie , la Moldavie , la Tranfilvanie
& la Hongrie ; au Couchant la Boheme ,
& l'Allemagne : & à l'Orient par une partie de la Mofcovie & la petite Tartarie.

L'air en general y eft plus froid que
chaud , le terroir ne laiffe pas d'être fort
fertile en beaucoup d'endroits ; les pâturages font bons & nourriffent quantité de
bétail , outre les chevaux qu'on en tire :

elle produit du miel, de la cire, du lin, du chanvre, des fruits, de l'ambre, du sel, dont il y a quelques mines, une d'argent & une de plomb, des grains ; elle fournit encore aux Etrangers des cuirs de taureau & de vache, du suif, de la laine de Prusse, des bois de chêne & de sapin.

Et elle reçoit des païs étrangers des étoffes de soye & de laine, des tapis, des peaux de martes zibelines, de la quincaillerie, des vins du Rhin, de France, d'Espagne & de Hongrie, des eaux-de-vie, des épiceries.

Ce Royaume est électif, & on ne peut y être admis sans faire profession de la Religion Catholique, qui est celle de l'Etat.

L'autorité du Roi est temperée par la Republique ; les Evêques y tiennent le premier rang, & la Noblesse le second, qui est representée par le Senat & par l'ordre des Gentils-hommes : ainsi le Roi ne sçauroit faire aucun mal à ses Sujets, mais d'ailleurs beaucoup de bien ; parce que les Evéchez & toutes les autres charges seculieres sont à sa nomination.

Les Polonois en géneral sont robustes, cela vient peut-être de ce qu'ils baignent leurs enfans dans l'eau froide dès qu'ils font nez jusqu'à deux ans. Ils sont assez bien pris dans leur taille qui est mediocre.

La Noblesse y est magnifique & polie ; mais le païsan y est grossier, à quoi peut

beaucoup contribuer sa condition servile.
Ils aiment fort leur liberté, le luxe & la
bonne chere : non seulement ils entendent le Latin ; mais ils le parlent fort bien,
de même que l'Italien & le François.

La Pologne se divise en Royaume de
Pologne & en Duché de Lithuanie, qui
lui fut uni en 1560.

Le premier contient la grande & la petite Pologne, la Russie Rouge & la Prusse.
Le second, la Lithuanie particuliere, la
Russie Blanche, la Samogitie, la Livonie
Polonoise & Curlandoise. Il y a des subdi-
visions dans lesquelles un abregé ne permet pas d'entrer.

Gnesne Archevêché, autrefois capitale de
toute la Pologne, est peu de chose aujour-
d'hui : c'est à present,

Cracovie, qui est fort grande & bien bâ-
tie, elle est le lieu de la sepulture des
Rois & de leur couronnement. Il y a une
Université fondée en 1400.

Dantzik Capitale de la Pomeranie, Province de la Prusse Royale, est située à l'em-
bouchure de la Vistule dans la Mer, & celebre par son commerce.

Konisberg, grande & belle Ville, a une
Université assez fameuse.

L'ESPAGNE se nommoit autrefois
Celtiberie, des Celtes Peuples de la Gaule. Les Tyriens y entrerent & en furent
chassez par les Carthaginois, & ceux-ci

par les Romains, qui furent obligez de la
ceder aux Goths, &c. Sous le regne de Ro-
deric (713) les Maures s'en emparerent,
& vers l'an 1414 Ferdinand & Isabelle les
firent sortir de toute l'Espagne.

Le Portugal avec l'Espagne font une
presqu'Isle qui est séparée de la France
par les Pyrennées.

L'air y est pur & sain, quoique chaud,
l'Espagne n'est pas fort fertile à cause du
terroir sec & sableux : il en faut excepter
les Provinces qui sont sur les côtes de la
Mediterranée, mais ce qui y vient bled,
vin, gibier, bétail, poisson, figues, rai-
sins & autres fruits, sont excellens, & ses
chevaux fort beaux & fort estimez.

Les mines de l'Amerique ont fait ne-
gliger celle d'Espagne, qui tira des premieres en 1618, 15,6 millions d'or, & le
million d'or en vaut trois de livres.

L'Etat est Monarchique & hereditaire
aux filles aussi bien qu'aux mâles.

Les Espagnols sont graves, politiques,
fideles à leurs Rois, sobres & patiens dans
les travaux ; mais fiers, vindicatifs & faineans.

On n'y souffre point d'autre Religion
que la Catholique, à quoi l'Inquisition
fait grande attention. Il y a huit Archevêchez & 44 Evêchez & plusieurs Universitez, dont la plus celebre est celle de Salamanque dans le Royaume de Leon.

L'Espagne contient les Provinces suivantes. La Castille nouvelle, dont Madrith est la capitale ; les Maures lui donnerent ce nom , parce qu'ils y établirent
leurs Ecoles publiques. *Madrith* est un
mot Arabe qui signifie *Mere des Sciences.*

La Castille Vieille-*Burgos* ; Leon-*Leon* ,
la Biscaye-*Bilbao* , les Asturies-*Oviedo* ; la
Galice-*Compostelle* , l'Andalousie-*Sevile* ;
la Grenade-*Grenade* , la Murcie-*Murcie* ;
la Valence-*Valence* , la Catalogne-*Barce-
lone* , l'Arragon-*Sarragoce* , la Navarre-
Pampelune ; ce qui est ici marqué en itali-
que sont les Capitales des Provinces.

Les Isles sont Majorque , Minorque ,
Yvice & Fromentera dans la Mediterranée.

Le Portugal. Sa longueur est d'environ 120 lieuës , & sa largeur de 25 ou 30,
& en quelques endroits de 50.

L'air & le terroir y sont à peu près comme en Espagne. La seule Religion Catholique y est reçuë ; il y a une rigoureuse Inquisition qui y tient la main , & trois Archevêques qui ont dix suffragans.

Les mœurs des Portugais sont aussi les
mêmes que celles des Espagnols , sinon
qu'ils sont plus avares ; ils passent nean-
moins pour être plus sociables que leurs
voisins.

On le divise en Portugal propre & le
petit Royaume d'Algarve , c'est le Roya-

me le moins étendu de l'Europe.

Lisbonne sur le Tage en est la Capitale & la residence de ses Rois. Elle est grande, belle & bien peuplée, riche & une des plus marchandes de l'Europe. Enfin on dit que qui n'a pas vû cette Ville, n'a rien vû de beau. Elle a un Archevêché, une Inquisition & le premier Parlement du Royaume, *Tavira* est la Capitale de l'Algarve.

L'*Italie* est une Presqu'Isle bornée au Couchant & en partie au Nord par les Alpes; & ailleurs par la Mediterranée; elle a la figure d'une botte.

Elle est la plus célebre region de l'Europe, puisqu'elle a été le siege de l'Empire Romain; & qu'elle l'est aujourd'hui du Pape, & le centre de la Religion Catholique; elle est aussi la plus belle, & sa fertilité lui a donné le titre de *Jardin de l'Europe.*

Elle produit des fruits excellens, du riz, beaucoup de bled, & quantité d'huile, de très bons vins, & des meuriers qui servent à nourrir des vers à soye, qui est un des meilleurs revenus de ce païs.

L'Italie est possedée par plusieurs Puissances. Le Pape, l'Empereur, la Republique de Venise, le Grand Duc de Toscane, la Republique de Genes & le Duc de Savoye.

Les Italiens sont spirituels, prudens, politiques, propres aux Arts, aux Scien-

ces & aux Affaires ; mais fort diffimulez &
vindicatifs.

Rome fur le Tibre , eft Capitale de tout
l'état Ecclefiaftique. Quoiqu'elle n'ait prefque rien de fon ancienne fplendeur , &
qu'on auroit peine à reconnoître Rome
dans Rome , il y a néanmoins encore de
très-beaux Palais , de belles Eglifes & des
reftes d'antiquité dignes de l'attention
de Voyageurs , avec cela elle feroit fort
à plaindre fans le féjour du Pape , qui y
attire beaucoup d'Etrangers.

Voici comme on diftingue plufieurs Villes d'Italie. Rome la *Sainte* , Naples la
Noble , Florence la *Belle* , Genes la *Superbe*, Milan la *Grande*, Ravenne l'*Ancienne*,
Padoüe la *Doéte* , Bologne la *Graffe* , Li-
vourne la *Marchande* , Verone la *Char-
mante* , Lucques la *Jolie* , Cafal la *Forte* ,
& Venife la *Riche*. Les canaux de celle-ci
& les ponts font bordez de pierres blan-
ches fort gliffantes , & comme les femmes y font belles & les gens de Robe à
craindre , cela a donné lieu à un Proverbe , qui avertit les Etrangers de fe donner
de garde de ces trois chofes *delle done ,
delle pietre bianche , & delle robe longue.*

La Turquie en Europe eft une
grande Region & la partie Occidendale de
l'Empire des Turcs , bornée au Levant par
l'Archipel , la Mer Noire & celle de Mar-
mora , & les Détroits de Gallipoli & de
CP.

C. P. au Midi par la Mediterrannée, au
Couchant par le Golfe de Venise & par les
Etats de la Maison d'Autriche; & au Nord
par la Hongrie Autrichienne, la Transyl-
vanie, la Valaquie, la Moldavie, la Pologne & la petite Tartarie.

On la divise en trois parties. I. La *Meridionale* est une grande Presqu'Ile, qui
comprend la Macedoine, la Thessalie,
l'Albanie, l'Epire, la Livadie, où est la celebre *Athenes*, & la Morée où est *Corinthe*, qui est à present aux Venitiens. Tous
ces païs sont l'ancienne Grece d'autrefois.

II. La *Septentrionale* contient la Romanie, dont la Capitale est *Constantinople*, appellé *Stamboul* par les Turcs, & anciennement *Bizance*; la Bulgarie, la Bessara-
bie, la Servie, la Bosnie, partie de la Dalmatie, de la Cratie, de la Hongrie & de
la Podolie.

La III. partie comprend les Isles de
Candie, la plûpart de celles de l'Archi-
pel, dont les principales sont Negrepont,
Sciro & Stalimene.

L'ASIE.

Cette partie du Monde a de grands
avantages sur les autres, elle a vu créer
Adam, naître JESUS-CHRIST, & operer
les principaux Mysteres de l'ancienne &
de la nouvelle Loi. C'est d'elle que sont
venuës les Religions, les Loix, les Sciences, les Arts & les Colonies, qui ont peu-

G

ple tout le reste de la terre. C'est elle qui a été le Siege des plus anciennes Monarchies des Assyriens , des Medes , des Babiloniens , des Perses ; & qui renferme encore aujourd'hui la plus grande partie de l'Empire des Turcs , celui du Grand Mogol , & les Etats des Rois & Empereurs de la Chine , de la Perse , de Siam & du Japon. C'est elle enfin qui est la plus grande & la plus riche de notre continent , elle a du Nord au Sud 1550 lieuës , & plus de 2000 d'Orient en Occident.

Outre ces avantages , on peut dire qu'elle est la mere des trésors & des delices. La terre y produit du bled, du riz, du vin , des fruits excellens , des aromates , des plantes , des simples , des drogues & quantité d'épiceries , dont les autres Regions ne sçauroient se passer. Son or, son argent , ses perles , ses pierreries , sa porcelaine, ses vernis , ses tapis , ses tapisseries & ses étoffes de soye , font les autres richesses de ses habitans, & en font connoître l'adresse.

L'air n'est pas partout égal à cause de sa vaste étenduë , mais en general il est assez sain & pur.

Les Asiatiques, si on excepte les Tartares & quelques Montagnars, ont toûjours été des gens voluptueux , effeminez & oisifs. Ils sont la plùpart ou Idolâtres ou Mahometans.

Le commerce y attire toutes sortes de Religions ; on y voit des Juifs, des Grecs, des Prétendus Réformez dans les Places des Hollandois ; il y a aussi des Catholiques dans les païs qui sont sous la domination des Princes Catholiques, & même à la Chine. Les langues generales de l'Asie sont l'Arabe, la Tartare & la Chinoise, &c.

L'Asie se divise en sept Provinces generales. La Grande Tartarie au Nord, la Georgie est entre la Mer Noire & la Caspienne. Les Provinces du milieu de l'Occident à l'Orient, sont la Turquie en Asie, la Perse, une partie des Etats du Mogol, le Grand Thibet & la Chine, à l'Orient de celle-ci est l'Isle du Japon, qui a au Nord l'Isle de Jesso.

Les Meridionales, allant toûjours d'Occident en Orient, sont l'Arabie, l'Inde, qui comprend les Etats du Mogol, la Presqu'Isle de de l'Inde deçà le Gange, & la Presqu'Isle de l'Indé de delà le Gange ; c'est dans cette derniere qu'est le Royaume de Siam, qui a à l'Orient le Royaume de Camboya, le Tunquin & la Cochinchine ; chacune de ces Provinces en renferme encore d'autres.

Les Isles de l'Asie sont dans l'*Ocean Oriental*, les Isles du Japon, des Larrons, les Philippines, les Moluques, celle de la Sonde, Ceylan & les Maldives ;

dans la *Mediterranée* sont Cypre, Rhodes, Scarpento, Stampalia, Lango, où Cos, Lero, Palmosa, autrefois Pathmos où S. Jean fut relegué & y écrivit son Apocalipse; Samos, Scio, Metelin, Tenedo, toutes dans l'Archipel.

L'Afrique.

Est une Presqu'Isle la plus vaste du monde qui tient à l'Asie par l'Isthme de Suez, qui separe la Mer Rouge de la Mediterranée. Sa longueur est de 1500 lieuës, & sa largeur de 1350. Quoiqu'elle soit presque toute sous la Zone Torride, & que les chaleurs y soient extrêmes; cependant elle n'est pas inhabitable ni inhabitée, comme l'a dit Horace, *Terra domibus negata.*

Le terroir y est si sec en quelques endroits, qu'on fait quelquefois cent lieuës sans trouver de puits ni de rivieres; mais il y a aussi d'autres contrées si fertiles, qu'elles rendent au centuple le grain qu'on y seme, & les ceps de vignes y sont presqu'aussi gros que de gros arbres, principalement en Egypte & dans la Barbarie; aussi ces païs sont-ils beaucoup plus peuplez que par tout ailleurs.

L'Afrique a des fruits excellens, des drogues admirables, & quelques mines d'or & d'argent; elle nourrit quantité de betes feroces & sauvages, comme des lions, des leopards, des pantheres, des elephans, des rhinoceros, des licornes, des cha meaux, des dromadaires, des tygres, des finges, des crocodiles & des ânes fauvages. On y trouve aussi beaucoup de civettes, de perroquets, des oiseaux de chant, des autruches & des chevaux-barbes fort estimez.

Les Africains sont en general bien faits, robustes, grossiers & farouches, & malgré cela assez mauvais soldats, & ne sçavent point faire la guerre. Ils n'ont presqu'aucune connoissance des arts ni des sciences. Quelle difference de ces tems d'avec ceux des Annibales, des Cypriens, des Augustins !

L'Afrique est divisée en seize parties, qui sont l'Egypte, la Barbarie, le Biled-Algerid, le Sara ou Desert, la Nigritie, la Guinée, le Congo, la Cafrerie, le Monomotapa, le Monœmugi, le Zanguebard, la côte d'Ajan, l'Ethiopie, la Nubie, la côte d'Abex, & les Isles, dont les plus considerables sont l'Isle de Madagascar, du Cap-Vert & les Canaries.

L'AMERIQUE,

Passe pour la plus vaste Region du monde, elle fut découverte par Christophe Colomb Genois en 1492 : dans les cinq premiers voyages qu'il y fit, il en rapporta 75 millions ; aussi le Roi d'Espagne lui donna la Grandesse & le fit Duc de la Veraguas, une des Provinces du Mexique, & Duc de la Vega Ville de la Jamaïque ; & l'aîné de la Maison de Colomb, porte encore aujourd'hui ces titres.

L'Amerique a été ainsi nommée d'Americ Velpuce Florentin, qui y fut envoyé en 1497 par Emanuel Roi de Portugal.

L'Amerique Septentrionale peut avoir environ 1200 lieuës de longueur & plus de 1250 de largeur, la Meridionale a de longueur 1400 lieuës, & 1120 de largeur.

Les Americains font barbares, cruels, & même quelques-uns font mangeurs d'hommes ; ils ont le cœur bas & rampant, & le inclinations mauvaises.

Les Espagnols en occupent les plus grandes, les plus riches & les plus fertiles parties. Les Portugais y ont la côte du Bresil, les François possedent une grande étenduë dans le Canada, & plusieurs établissemens dans la Mer du Nord.

Les Anglois ont aussi de beaux établissemens dans l'Amerique Septentrionale ; les Hollandois & les Danois y en ont aussi.

La terre y est si fertile en quelques endroits, surtout au Perou, qu'elle rend cent pour un : mais ses grandes richesses font les mines d'or & d'argent. Il n'y avoit point de trésors pareils à ceux d'Atabalipa Roi du Perou ; on y a vû des Temples revêtus d'argent, & des maisons couvertes de plaques d'or.

Cette grande Region se divise en deux grandes Presqu'Isles, l'une *Septentrio-*

nale , & l'autre *Meridionale.*

La premiere contient fept parties , fçavoir le vieux Mexique ou nouvelle Efpagne , le nouveau Mexique ou nouvelle
Grenade , le Canada ou la nouvelle France , la nouvelle Bretagne, la nouvelle Angleterre , la Floride & les Ifles.

La feconde en renferme auffi fept , qui
font la Terre ferme , le Perou , la Province des Amazones, le Brefil , la Province de Rio de la Plata , le Chili & la Terre
Magellanique.

TROISIEME PARTIE.

Remarques curieufes , & origine des Arts
& des Sciences.

A GRICULTURE. C'eft Ofiris qui le
premier a enfeigné l'art de cultiver
la terre , Diodore , & Tibule a dit :
Primus aratra manu folerti fecit Ofiris,
Et terram ferro follicitavit humum.
Primus inexperta commifit femina
terræ ,
Pomaq; non notis legit ab arboribus.
D'autres attribuent l'invention de la
charuë à Bacchus , qui y attela des bœufs
pour labourer la terre : [car auparavant
on n'employoit que des inftrumens de fer
dont on fe fervoit avec la main , tels

font ceux des Jardiniers.] D'autres enfin veulent que ce foit Cerés , qui ait trouvé cet art & les inftrumens qui y font neceffaires.

Prima Ceres ferro mortales vertere terram

Inflituit. Virg.

L'agriculture & le commerce font les deux mamelles qui nourriffent les Etats. *Bocalin.* Ils n'ont été floriflans qu'à mefure qu'ils ont cultivé le commerce , témoins les Sidoniens & les Tyriens. Voyez ce qu'en difent les Livrez Sacrez.

Almanach. Les Auteurs ne font pas d'accord fur l'étimologie de ce mot qui eft arabe , les uns difent qu'il eft compofé de l'article *al* & de *mana* , qui fignifie compter. *Nicod* & *Saumaife.* D'autres veulent qu'il vienne de *Manath* , qui fignifie felon eux , Calendrier ; ce qui eft à peu près la même chofe.

Un troifiéme [M. Chatelain] dit qu'il vient de l'article *al* & de *manha* qui veut dire préfent ou don. Ce fentiment revient à celui de Golius en fes Notes aftronomiques d'Alfragan , où il dit que prefque dans tout l'Orient les fujets font des préfens aux Rois au commencement de l'année , & entr'autres les Aftrologues qui leur donnent les Ephemerides de l'année qui commence ; d'où , ajoute-t-il , ces Ephemerides ont été nommées *almanha*, c'eft-a-dire, *Etrennes.*

Architecture. Diodore prétend que Pallas en a donné les regles ; mais il semble que Cain merite mieux l'honneur de cette invention, puisque selon l'Ecriture, il est le premier qui ait bâti une Ville, qu'il appella *Henoc* du nom de son fils.

Les ordres d'Architecture sont au nombre de cinq. Le *Toscan* est le plus simple, ainsi appellé parce qu'il a pris son origine dans la Toscane en Italie.

Le *Dorique* à la frise ornée de triglyphes & de metopes ; il a été inventé par les Doriens, peuples de Grece.

Le *Ionique*, plus delié, a le chapiteau à volutes, qui sont des ornemens recourbez en ligne spirale, &c. il tire son nom de l'Ionie, Province d'Asie.

Le *Corinthien*, plus riche que les précedens, a le chapiteau à feüilles ou panaches & des volutes autour. Il fut inventé à Corinthe, Ville du Péloponese.

Le *Composite*, participe de l'Ionique & du Corinthien ; c'est le plus orné de tous. Il fut ajoûté aux autres par les Romains, après qu'Auguste eut donné la paix à l'Univers.

Arithmetique. Strabon & Hérodote disent que les Egyptiens ont trouvé l'Arithmetique & la Geometrie ; celle-ci parce que les innondations du Nil confondoient les héritages. Mais il en faut plûtôt croire Joseph, qui en fait auteurs les Hebreux,

& non sans raison , puisqu'on ne peut pas nier que les principes de toutes les Sciences ne viennent d'eux ; & il est sûr qu'avant l'arrivée d'Abraham en Egypte , ces Peuples ignoroient les Sciences.

Armes : les premieres étoient les mains, les ongles, les dents, les pierres & les bâtons : ensuite on trouva l'invention d'en faire de fer & d'airain ; mais celles d'airain furent les premieres. *Lucrece* , Liv. 5. v. 1282.

Les Lacedemoniens furent les inventeurs du casque, de l'épée, du sponton, *Plin.* l. 7 , & les Egyptiens du bouclier & du casque, *Hérodote.*

Midias de Messine inventa la cuirasse, & Prœtus & Acrisius, dans la guerre qu'ils eurent ensemble, les boucliers : Carès les bosses & les cretes ou panaches qu'on met sur le casque.

Æolus fils de Mars les lances & les javelots ; les Thraces la faulx, Tyrrhenus les hallebardes & le pile ou pieux.

Penthesilée Reine des Amazones, la hache d'armes, & Pisée les épieux ; Scythès fils de Jupiter l'arc & les fléches, que d'autres attribuent à Persée fils de Persée , *Plin.* mais Diodore dit qu'Apollon en est l'inventeur.

Selon d'autres, on doit regarder Moïse comme l'inventeur des armes de guerre. *Euseb. præp. Evang.*

Les Crétois ont imaginé le scorpion, machine à lancer des pierres ou dards; les catapultes, dont on se servoit pour lancer les javelots de 12 ou 15 pieds de long.

Les Pheniciens la baliste, autre machine de fer suspenduë avec des cordes & des poulies pour abattre les murs des Villes qu'on assiegoit & la fronde; mais Vegece nous apprend, que ce sont ceux des Isles Baleares (aujourd'hui Majorque & Minorque) qui ont trouvé la fronde. Strabon & Virgile sont de ce sentiment :

Stupea torquentur Balearis verbera funda.

Belier, machine dont on se servoit aussi pour abattre les murailles, ainsi dite parce que l'airain dont l'un des bouts de la poutre étoit armé, ressembloit à la tête d'un belier. Les uns disent que les Carthaginois l'inventerent au siege de Cadis, & les autres, qu'elle fut perfectionnée par Polydus Thessalien. Cependant selon quelques Critiques, ce fut Epée, mené par les Grecs au siege de Troye, qui inventa le belier.

Artemon de Clazomene mit en usage la tortuë, qui se fait lorsque les soldats se serrent de près leurs boucliers sur le dos, pour aider les autres à monter sur les murailles d'une Ville.

La tortuë étoit encore une espece de tour dont on se servoit pour mettre à cou-

vert les soldats qui travailloient à miner &
à abattre les places. Voyez-en les differentes sortes dans *Juste-Lipse.*

Arts : dans le II. âge on perfectionna
les Arts qui avoient été inventez dans le
I . *Jabel, Jubal & Tubalcain* fils de Lamec, furent les premiers inventeurs des
Arts, le 1 des tentes, le 2 de la Musique,
& le 3 des arts de fer.

Astrologie : Seth fils d'Adam en est l'inventeur ; & Joseph, pour prouver l'antiquité de cette science, dit qu'on voyoit de
son tems 2 colonnes, l'une de pierre &
l'autre de brique, où les descendans de
Noé avoient gravé les régles de l'Astrologie ; l'une pour resister au feu, & l'autre à
l'eau, au cas que le Monde vint encore à
perir d'une ou d'autre maniere.

Ainsi il ne faut pas attribuer cette scien-
cence aux Pheniciens ni aux Assyriens,
qui ne pouvoient tout au plus que l'avoir
perfectionnée.

Barbe : on ne se fit raser la barbe à Rome que vers l'an 454 de sa fondation. Ce
fut P. Ticinius Mena qui amena de Sicile
des Barbiers en cette Ville. Scipion l'Africain fut le premier qui se fit raser tous les
jours, & Auguste après lui. *Varron &*
Plin.

Longue barbe, marque de stupidité.
Un Philosophe lisant cette remarque dans
un livre, prit sa lampe & s'allant regarder

avec précipitation dans son miroir pour considerer la sienne, il y mit le feu, & écrivit à côté, *probatum*.

Bibliotheque. On attribuë l'origine des Bibliotheques aux Hebreux, qui nous ont conservé les Livres Divins. Cet exemple fut suivi des autres Nations, sur tout des Egyptiens.

La plus fameuse de l'antiquité a été celle de Ptolomée Philadelphe, achevée par Demetrius Phalereus, l'an du Monde 3729. Elle etoit, selon quelques-uns, de 7co mille volumes, & de 300, selon d'autres. C'est dans ce tems que vivoient à la Cour les Pléiades Grecques ou Poëtes; sçavoir, Apollonius, Lycophron de Calcide, Aratus, Nicander, Theocrite de Siracuse, Philotée & Homere le jeune.

Eumene Roi de Pergame, à l'envi de Ptolomée, en fit une fort belle.

Le Tyran Pisistrate est le premier qui dressa une Bibliotheque à Athenes; & Aristote, long tems après, amassa un trésgrand nombre de livres; il les laissa à son disciple Theophraste avec son école.

Constantin & ses Successeurs érigerent à CP. une magnifique Bibliotheque: elle étoit de 300000 volumes quand Leon l'Isaurien la fit brûler, & ou il y avoit entre autres l'Iliade & l'Odissée d'Homere écrites en lettres d'or sur les boyaux d'un serpent.

Celles de l'ancienne Rome ; les plus fameuses étoient l'Ulpienne & la Palatine, sans parler des particulieres. *Seneq.*

La premiere Bibliotheque publique qui ait été à Rome, fut l'ouvrage d'Afinius Pollion. Ajoûtez à celle du Vatican, celle de Côme de Médicis, celle du Roi de France, la plus riche, la plus nombreuse & la plus curieuse de l'Europe, & celle de l'Empereur, où il y a 80000 volumes & 15940 Medailles.

Blason : l'art Heraldique n'a commencé qu'au X. ou XI. siecle, selon le P. Menestrier ; & ce mot vient de l'Allemand *Blasen*, qui signifie *sonner du cor*, parce que ceux qui se presentoient aux Lices des anciens Tournois, sonnoient du cor pour faire sçavoir leur venue.

Bombarde, machine dont on se servoit avant l'invention du canon : il y en a eu qui ont porté 300 livres de balles. Froissard dit qu'il y en avoit une de son tems longue de 50 pieds, *qui faisoit si grande noise au décliquer*, qu'on entendoit le bruit des pierres qu'elle jettoit, de 5 lieuës durant le jour, & de 10 pendant la nuit.

Bombes : les premieres, selon Blondel, furent jettées sur la Ville de VVachtendonch en Gueldres, l'an 1580, & en 1634 on s'en servit en France, au siege de la Mothe.

Bonnet : en 1449, on introduisit l'usage

des chapeaux & des bonnets à la place des chaperons, dont on s'étoit servi de tout tems.

Boulangers : les Boulangers passérent de Grece en Italie, après la guerre de Macedoine contre Persée, vers 583 de la Fondation de Rome ; jusques-là il n'y en avoit point eu, c'étoient les femmes qui faisoient le pain. On les appelloit en Latin *Pistores*, du verbe *Pinsere*, *pinso*, qui signifie *broyer*, parce qu'avant l'invention des Moulins, on broyoit le bled dans des mortiers.

En France, il y a eu des Boulangers dès le commencement de la Monarchie ; leur emploi fut d'abord comme à Rome, de faire moudre le bled aux moulins qu'ils avoient chez eux, qu'ils tournoient à bras ; ces moulins sont les premiers qui ayent été inventez. Ils vendoient ensuite la farine à ceux qui vouloient cuire chez eux, & en faisoient du pain pour les autres.

Boussole : vers l'an 1302 Flavio de Melphe ou Flavio de Gioia inventa, dit-on, la boussole : mais quelques-uns croyent que Marc Paul Venitien en a apporté l'usage de la Chine, environ l'an 1260, & que l'Empereur de la Chine Chiningus, grand Astrologue, en avoit la connoissance 1120 ans avant J. C. Mais Fauchet rapporte des vers de Guyot de Provins, qui vivoit en France vers l'an 1200, lequel en fait mention sous le nom de *Marinette* ou *Pierre Marinière*; ce qui fait voir qu'on la connoissoit en France avant le Venitien & le Melphitin.

Brique: c'est une des plus anciennes inventions; la Tour de Babel en fut bâtie. Il semble même par le Chapitre XI. de la Genèse, que ce n'étoit pas une invention nouvelle. Les Romains sur la fin de la Republique, s'en servirent pour bâtir; & on remarque que les Edifices qui en étoient faits, duroient plus que les autres; & on rapporte pour exemple le Pantheon, qui subsiste encore depuis plus de 1700 ans. C'est aujourd'hui une Eglise nommée Notre-Dame de la Rotonde.

Brodequins: chaussure à l'antique, qui ne sert plus qu'aux Comédiens; Echyle chaussa le brodequin ou cothurne à ses Acteurs. Autrefois les hommes & les femmes s'en servoient pour rehausser leur taille: les voyageurs pour se défendre des bouës, & les chasseurs, prenoient aussi cette chaussure, qui n'alloit qu'à mi-jambe.

Broderie, inventée en Phrygie: aussi les Latins appellent-ils les Brodeurs *Phrygiones*. Sur quoi il est bon de remarquer qu'il y a une transposition dans le mot de brodeur pour bordeur, parce qu'on ne brodoit autrefois que le bord des étoffes.

Cabaret: les Lydiens ont été les premiers qui ayent ouvert des cabarets pour y recevoir toutes fortes de gens.

Cachet : on s'en fervoit fous François I. au lieu de feing, parce que, dit Varillas dans la vie de ce Prince, la Noblelfe ne fçavoit pas écrire pour figner fon nom. Heincius en a fait un fçavant Traité, & dit que l'ufage des cachets eft moderne. *A Francfort*, 1709.

Les cachets des Anciens n'étoient pas des armoiries, comme ceux d'aujourd'hui, mais repréfentoient quelque divinité, quelque grand perfonnage, enchâffé dans le chaton de leurs anneaux ou bagues.

Les Hebreux font les premiers qui ont porté des anneaux ; ils s'en fervoient pour cacheter : témoin Jezabel qui fe fervit de celui du Roi pour cacheter l'ordre qu'elle envoyoit de faire mourir Nabot. Pharaon tire fon anneau de fon doigt, & le met entre les mains de Jofeph, pour marque de la puiffance qu'il lui donne.

Caffé : C'eft Thevenot le voyageur qui a le premier apporté le caffé à Paris. D'autres, je ne fçai fur quel fondement, difent que c'eft Mufta-Feraga, Envoyé de Mahomet IV. en 1669, qui le premier en a fait boire aux Parifiens.

On l'appelloit au commencement qu'on en prit à Paris, Syrop de Meures des Indes, à caufe de la couleur brune & foncée de cette boiffon. Le caffé eft une des chofes néceffaires que les Turcs font obligez de fournir à leurs femmes.

Canon : l'invention du canon eſt une ſuite de celle de la poudre à canon. Berthold Schovvart, Moine Allemand, grand Chimiſte, la trouva par hazard ; ayant fait une compoſition de ſalpêtre, de ſouffre & de charbon, & ayant couvert le mortier d'une pierre, il lui arriva de battre le fuſil auprès de ce mortier pour allumer la chandelle, une étincelle étant tombée ſur cette matiere, le feu y prit & fit ſauter la pierre dont le mortier étoit couvert. *Polid. Virg.*

Ce Moine en fit l'experience en cette ſorte, il fit une lumiere au canon d'une clef, le chargea de cette poudre, & y mit le feu, qui ſortit avec grand bruit. On ajoute que Berthold en enſeigna l'uſage aux Veniſiens, l'an 1380, qui s'en ſervirent contre les Genois.

Les Auteurs ne ſont pas d'accord ſur l'époque de cette funeſte invention. Pierre Meſſie, dit en ſes diverſes Leçons, que les Maures qui étoient aſſiegez en 1343 par Alfonſe XI. Roi de Caſtille, tiroient certains mortiers de fer, qui faiſoient un bruit ſemblable au tonnerre. Et D. Pedre Evêque de Leon en la Chronique du Roi Alfonſe qui conquit Tolede, dit qu'en une bataille navale, qui fut donnée entre le Roi de Tunis & le Roi Maure de Seville, il y a plus de 400 ans, ceux de Tunis avoient certains mortiers de fer avec quoi ils tiroient force tonnerres de feu. Du Cange, dit qu'il voit dans les Regiſtres de la Chambre des Comptes, que l'uſage en étoit en France dès l'année 1538.

Canoniſation : le premier Acte de Canoniſation eſt celui de Saint Ulderic Evèque d'Ausbourg, par le Pape Jean XV. le 11 Janvier 983.

Capitation : cette eſpece de Tribut eſt très-ancienne , puiſque Theophilacte ſur l'Epître de S. Paul aux Romains, & Oeumenius ſur la même Epître, chap. 18, parlent , & l'appellent en Grec κεφαλιτιων.

Carroſſe : Jacques-Auguſte de Thou, qui a écrit la vie de ſon pere Chriſtophle, dit qu'il a été le troiſiéme qui ſe ſervit de carroſſe ; encore n'étoit-ce que pour aller à la campagne ; & le 1 des Seigneurs de la Cour qui en ait eu un, fut Jean de Laval de Bois-Dauphin, qui ne pouvant ſe ſoutenir à cheval, à cauſe de ſon exceſſive groſſeur , fut contraint de ſe ſervir de cette voiture : car au commencement , il n'y avoit que la Reine qui s'en ſervit ſur la fin du Regne de François I. 1540, & peu après Madame Diane Ducheſſe d'Angoulême, fille naturelle d'Henri II.

Cartes Geographiques. On prétend que Seſoſtris (1510 avant J. C.) premier Roi d'Egypte, qui ſe rendit redoutable par les armes, fut auſſi le premier des hommes qui inventa les Cartes Geographiques, pour faire connoître l'étenduë de ses conquêtes. Morisot de Dijon, dit dans son *Orbis Maritimus*, que Strabon l. 1. rapporte, sur la foi d'Eratosthene, que c'est Anaximandre de Milet, qui a le premier dressé des Cartes Geographiques. V. *Mappemonde*.

Cartes à joüer. On dit que les Lydiens pour charmer leur faim pendant une extrême disette, inventerent les cartes & la paume, ils joüoient un jour & mangeoient l'autre. *Le Genare*.

Casque : arme défensive pour couvrir la tête & le coû d'un cavalier. Autrefois en France les gens d'armes avoient tous le casque. Le Roi le portoit doré, les Ducs & les Comtes argenté, le Gentil homme d'ancienne race le portoient d'un acier poli, & les autres simplement de fer. *Le Genare*.

Cerises : les premieres furent apportées par Lucullus de Cerasun e ville du Pont, après qu'il eut vaincu Mithridate, l'an 683 de Rome. *Plin*.

Chapeau : on n'en voit point avant le Regne de Charles VI. On commença de son tems à en porter à la campagne, on en portoit sous Charles VII. dans les villes en tems de pluye, & sous Loüis XI. en tout tems. Loüis XII. reprit le mortier, François I. s'en dégouta, & porta toujours le chapeau. *Le Genare*.

Ainſi l'uſage des chapeaux & des bonnets s'introduiſit à la place des chaperons, deſquels on s'étoit ſervi de tout tems. *Le P Daniel.*

Char. Ericthonius eſt le premier qui a inventé l'uſage des chars pour cacher la difformité de ſes jambes, qui étoient tortuës comme des ſerpens. Il étoit Roy d Athenes, & vivoit l an du monde 2546.

L'uſage des chars à la guerre étoit tres-commun dès le tems de Moyſe, les Egyptiens & les Chananéens en avoient un grand nombre. On dit que Cyrus eſt le premier qui les a armez de faulx, mais ils étoient bien plus anciens, puiſque Chevreau rapporte que Ninus en avoit 10600 dans ſon armée, armez de faulx tranchantes, pour mettre en pieces tous ceux qui voudroient lui reſiſter.

Charges de judicature venales. L'an 1463 Loüis XI. commença à mettre en vente les offices de judicature ; auſſi-tôt les Pariſiens en acheterent 15 & 1600 écus ſans en recevoir aucuns gage : c'étoient des écus au ſoleil, qui valoient 27 ſols. Ambition qui fut blâmée par Philippe de Commines ; mais elle ne diminua pas pour cela, chacun en voulut avoir, quand le Chancelier du Prat les eut toutes renduës venales ſous François I.

Enfin ſous Henri III. on regardoit comme quelque choſe d'extraordinaire, que les charges de Conseiller se vendissent neuf mille livres, & celles de Président 20000.

L'Auteur de l'Antimachiavel ne pouvoit pas comprendre que l'ambition pût aller jusques-là : Que penseroit-il donc s'il avoit vécu dans ces derniers tems ?

Chasuble. C'étoit un habit qui n'avoit d'ouverture que pour passer la tête, dont néanmoins les Papes se sont servis pendant les XII. premiers siécles; dans la suite on les a fenduës par les côtez, ce qui est plus commode.

Chaussure. Les chaussures des anciens Romains furent d'abord de cuir crud & même avec le poil. Ils faisoient aussi des chaussures de genêt & de jonc : comme en France on fait de grosses pentoufles de paille ou de natte pour tenir les pieds chauds pendant l'hiver.

On en faisoit aussi de toile de lin ; le fer même & l'airain, l'argent & l'or y étoient employez, ils avoient l'usage des sabots de bois.

On se servoit aussi de lierre pour mettre sous les souliers & rendre la chaussure plus haute. C'étoit l'usage des Perses, & Auguste, dit-on, en usoit ainsi.

Nos François avoient des chaussures dorées par dehors, & ornées de courroyes ou lainieres longues de trois coudées ; telle étoit la chaussure de Charlemagne & de Loüis le Débonnaire.

Puricelli, en parlant de la chauſſure de Bernard Roi d'Italie, & fils de Pepin, dont le corps fut trouvé & levé de terre, dit que ſes ſouliers étoient encore entiers de cuir rouge & la ſemelle de bois.

Ils étoient ſi juſtes, ſi bien faits à chaque pied & aux doigts de chaque pied, que le ſoulier gauche ne pouvoit ſervir au pied droit, finiſſant en pointe du côté du gros doigt.

Une choſe difficile à croire, & que M. Nilane a vû, c'eſt que les Dames Venitiennes ont des ſouliers hauts de trois pieds. Dans ſes Notes ſur Baudoüin *de Calceo.*

Chauve. Hubaud Religieux Benedictin du X. ſiecle, eſt auteur du Poëme de 300 vers à la loüange des chauves, qu'il preſenta à Charles le Chauve, & dont tous les mots commencent par la lettre C.

Carmina, clariſona, calvis cantate
Camena, &c.

Cheval. Bellerophon fils de Glaucus Roi d'Epire (l'an du monde 2700.) paſſe pour le premier qui a domté le cheval & l'a rendu propre au ſervice de l'homme. *Plin. l. 7.*

Diodore au contraire dit que c'eſt Neptune, ce qu'il y a de plus vrai, c'eſt que les Theſſaliens en ont introduit l'uſage, ce qui donna lieu à la fable des Centaures, parce qu'un homme à cheval paroiſsoit de loin demi homme & demi-cheval.

Les Peletroniens peuples de Thessalie, ont inventé les freins & harnois des chevaux.

Chevalier. La plus haute dignité où un homme de guerre pût aspirer, étoit celle de Chevalier. Il n'y avoit autrefois que les Chevaliers que l'on traitât de *Messire* & de *Monseigneur* ; & on ne traite encore aujourd'hui le Parlement de *Nosseigneurs* qu'en mémoire des *Chevaliers*, qui le composoient autrefois. Et ce qui est remarquable, c'est qu'il n'y avoit que les femmes de Chevaliers qui se fissent appeller Madame.

Chrysa-gyre, tribut qui se levoit sur les femmes de mauvaise vie.

Clef. Pline & Polid. Virgile assûrent que l'inventeur des clefs est un nommé Theodore de Samos ; mais d'autres disent que cela est faux, parce que l'usage des clefs étoit plus ancien que la guerre de Troye, qui fut assiegée l'an du monde 2810, & prise l'an 2820 ; & qu'il en est parlé dans le III. Chap. des Juges, & au XIX. de la Genese. On attribue aussi à Theodore l'invention de la regle & du tour.

Cloches : elles furent inventées ou rétablies par Saint Paulin Evêque de Nole dans la Campagne de Rome environ l'an 400, d'où vient qu'en Latin on nomme une cloche *Nola* ou *Campana.*

Clysteres.

Clysteres. Les Egyptiens , selon Herodote, ont été les inventeurs de ce remede, ou les premiers qui l'ont mis en usage. Galien & Pline , liv. 8 , ch. 7, disent qu'ils l'avoient appris d'un oiseau de leur païs appelle *Ibis* , qu'ils remarquoient se faire de pareilles injections avec son bec , & se décharger ensuite souvent. D'autres disent que les hommes l'ont appris de la Cicogne , qui est prise par quelques-uns pour l'*Ibis*.

Comedie. Ce mot signifie chanson de village , & est composé de κώμαι village , & de ωδή, chanson. En effet, dans les commencemens ce n'étoit que des chansons ; & ce ne fut que 444 ans avant J. C. qu'elle prit la forme que l'on voit dans les anciens Auteurs.

Sisarion en fut le premier auteur comme Thespis le fut de la tragedie selon Suidas. Des Grecs elle passa aux Romains. Les representations de la Comedie parurent pour la premiere fois à Rome sous le consulat de C. Sulpitius Peticus , & de C. Licinius Stolon , l'an de Rome 390.

Le premier plan de la Comedie Françoise est dû à Etienne Jodelle ; il fut aussi le premier qui prit des sujets serieux ou de Tragedie ; sa Cleopatre & sa Didon furent joüées devant Henri III. & toute la Cour au College de Rheims. Après lui vinrent Jean Baïf & la Peruse ; mais Garnier l'emporta fur tous fes predeceffeurs.

Compas. Ce fut Perdrix neveu de Dedale, qui le trouva auffi-bien que la fcie,
dont l'arrête d'un poiffon ainfi nommé,
lui donna l'idée. Dedale vivoit l'an du
monde 2744.

Courier. Xenophon attribuë l'ufage des
Couriers à Cyrus. *Cyroped. l.* 8. ces Couriers alloient jour & nuit.

Il n'eft pas sûr que les Grecs & les Romains avant Augufte, ayent eu de ces
fortes de poftes reglées. Ce Prince fut le
premier qui les regla. Socrate, Hift. Eccl.
liv. 8. ch. 19, parle d'un Courier nommé
Palladius fous Theodofe, qui alloit de
CP. aux confins de la Perfe en trois jours,
& revenoit de même, c'étoit faire 60 lieuës
par jour.

On dit que Marrha Roi d'Egypte, avoit
une corneille dreffée à porter fes lettres
où il vouloit. En Orient, à Alep, à Tyr,
à Damas & au Mogol, on fe fert de pi-
geons.

L'an 1475 Loüis XI. établit les poftes
en fon Royaume, & chargea le Grand
Ecuyer de les placer en divers lieux pour
la commodité du public; elles font ainfi
appellées, *à pofitis equis in certis locis.*
Philippe de Comines dit qu'il eft le premier qui a trouvé cette invention, n'y en
ayant jamais eu dans le Royaume auparavant.

Couronne. Athenée liv. 15, & F. Pictor, disent que Janus est l'inventeur des couronnes ; que c'est lui qui s'en servit le premier dans les sacrifices. Phérécide cité par Tertullien, est de meme avis. *De Coron. cap.* 7.

Couronne ou tonsure clericale : Saint Pierre en fut l'auteur en memoire de la Couronne d'Epine de N. S. selon Gregoire de Tours.

Cravate. La mode de cet ajustement est de l'année 1636, elle vient d'Allemagne ; on en attribuë la premiere invention aux Croates, qu'on appelle ordinairement Cravates.

Cribles, ou Sas faits de crins de cheval, ont été inventez par les Gaulois ; ceux qui sont faits de lin en Espagne & en Egypte, on les faisoit de jonc.

Cymbale, fut inventée par les habitans du Mont Ida dans l'Isle de Crete.

DAMAS, étoffe de soye ainsi appellée, parce qu'elle est venuë originairement de Damas en Syrie. On dit aussi un sabre de Damas, parce qu'on y sçavoir donner une bonne trempe à cette sorte d'arme : comme on a nommé une épée, une vienne, parce qu'il s'en faisoit à Vienne en Dauphiné, où l'eau de la Gére, qui se jette dans le Rhone, est admirable pour la trempe de l'acier.

Dame : sous François I. les Dames furent à la Cour ; avant lui elles n'y venoient point. *Le Gendre.*

Danse : on dit qu'elle fut inventée par Minerve, qui nâquit l'an du monde 2177, qu'elle dansa de joie après la défaite des Titans.

La danse se trouve en usage chez tous les peuples, tant civilisez que barbares. David né en 2889 dansa devant l Arche pour honorer Dieu.

On a vû des danses de chevaux au carousel de Loüis XIII. Les Sybarites sont les premiers qui ont inventé cette sorte de danse.

Selon Tite-Live, ce sont les Hétruriens (aujourd'hui les Toscans) qui sont les inventeurs des danses & des balets, qui de là passérent chez les Romains.

Dez à joüer : les Grecs inventérent les dez & les échecs au siege de Troyes pour se desennuyer.

Décimes : Moïse fit une loi qui ordonnoit qu'on les payeroit de tous les fruits de la terre & de tous les animaux. C'étoit pour fournir à la subsistance des Lévites & des Prêtres qui ne possedoient point d'héritages, pour n'être point distraits du service divin.

C'étoit un droit qu'on levoit sous la I. Race de nos Rois sur les Laïques & sur les Ecclesiastiques dans les besoins de l'Etat ; comme au tems de Charles Martel pour se défendre contre les Sarasins, & au tems de Philippe Auguste en 1188 : à present on ne le leve plus que sur le Clergé.

Deüil : en France on porte le deüil en noir, en Turquie en bleu, & à la Chine en blanc.

Diademe : Bacchus qui vivoit dans le 4 millenaire, en fut l'inventeur. *Plin. l. 7. c. 5.* C'étoit un bandeau royal de fil, de laine ou de soye, que dans la suite on orna de perles, de diamans, &c. C'étoit la marque de la Royauté. Jornandes dit qu'Aurelien est le premier des Empereurs Romains qui ait pris le diademe : mais il ne devint commun & ordinaire que sous Constantin.

Diamant : la plus belle mine de diamant est à Golconda dans les terres du Mogol. Elle fut trouvée par hazard par un Berger, qui ayant donné du pied contre une pierre qui lui parut avoir quelque éclat, la vendit pour un peu de riz sans la connoître.

Les Suisses, aussi mauvais connoisseurs que ce Berger, ayant vaincu Charles dernier Duc de Bourgogne, en la bataille de Granson, l'an 1476, lui enleverent ses plus précieux trésors, & entr'autres son gros diamant, qu'ils donnerent à un Prêtre pour trois sols.

Il y a dans l'Orient 4 mines & 2 rivieres d'où l'on tire les diamans, & ce sont les feuls lieux du monde où on en trouve. Les mines font dans les Royaumes de Golconda & de Vifapour, & les rivieres dans le Royaume de Bengala & dans l'Ifle Borneo. Trente mille hommes y travaillent, & deux fois autant y trafiquent.

Le plus beau diamant du Mogol vaut 11723278 livres 14 fols 9 d. & celui du Grand Duc de Tofcane vaut 2608335 livres. *Tavernier.*

Docteur : ce mot a fuccedé à celui de Maître, qui étoit devenu trop commun. La premiere ceremonie s'en fit à Bologne en la perfonne de Bulgarus, qui commença à y profeffer le Droit Romain, & qui fut promû folennellement au Doctorat.

Cette coutume paffa de la Faculté de Droit à celle de Theologie, & l'Univerfité de Paris la pratiqua pour la premiere fois, en créant Docteur en Theologie, Pierre Lombard & Gilbert de la Porée, &c.

Druides, étoient chez les Gaulois les Docteurs, les Prêtres & les Sacrificateurs. Ils étoient auffi les Philofophes, les Mathématiciens, les Jurifconfultes, les Orateurs, les Aftrologues, les Medecins & les Theologiens du Païs.

Ils jugeoient tous les differens, de toutes les conteftations publiques & particulieres ; connoiffoient des meurtres, des fucceffions, des bornes & des limites, & decernoient les récompenfes & les châtimens.

Ils enseignoient la jeunesse, & conser-
voient la memoire des grands Hommes
dans des vers qu'ils ne souffroient pas
qu'on écrivît, mais qu'ils faisoient apprendre à leurs disciples, & ils avoient jusqu'à
24000 de ces sortes de vers.

L'Empereur Claude, selon Suetone,
abolit la barbare coutume qu'ils avoient
de sacrifier des hommes vivans, pour de-
viner les choses futures. Auguste & Tibere l'avoient déja condamnée.

Duc : cette Dignité fut créée par les Empereurs Romains ; mais les Vandales, les
Goths & les Bourguignons l'abolirent.
Les François au contraire, pour flatter les
Gaulois, accoutumez depuis long tems à
cette sorte de Gouvernement, se firent un
point de politique de n'y rien changer, &
de diviser toute la Gaule en Duchez &
Comtez. *Le Gendre.*

Chaque Duc avoit 12 Comtes sous lui
qui rendoient la Justice dans les Villes.
Ces Gouvernemens n'étoient qu'à vie :
mais dans II. Race de nos Rois, ils les
rendirent héréditaires dans leurs Familles.
Ceux d'aujourd'hui sont differens ; ce n'est
qu'un titre attaché à une Terre. V. au
mot *Pairs.*

Duel : ce furent les Lombards qui ap-
portérent en Italie la barbarie des combats singuliers, & qui de là se répandirent
par toute l'Europe. *Godeau.*

Le dernier duel fameux a été celui de Jarnac & de la Chataigneraye fous Henri II. en 1547.

Jadis chez les humains le jaloux point a'honneur
Du Duel téméraire inſpira la fureur.

EAU-BEENITE : on en attribuë l'inſtitution au Pape S. Alexandre, mort l'an 119. Les Payens avoient auſſi leur eau luſtrale.

Eclipſe : Thales de Milet a le premier obſervé celle du Soleil & de la Lune ; c'étoit un des ſept Sages de la Grece, mort en 3424 du monde ; & chez les Latins, c'eſt Sulp. Gallus. *Plin.* Selon Plutarque, c'eſt Anaxagoras qui a le premier apperçû l'Eclipſe de la Lune, & Endemion en obſerva le cours avec une extrème attention, d'où vient la fable de ſes amours.

Epreuve de l'eau boüillante ; quand on en retiroit ſa main ſans brûlure, on étoit déclaré innocent. On dit que le Pape Innocent II. inventa cette ceremonie au commencement du IX. ſiecle, pour retrancher la coutume de faire ſerment ſur les Reliques des Saints. Innocent III. la défendit au Concile de Latran, au commencement du XIII. ſiecle. Il y avoit encore l'épreuve du fer chaud, & celle de l'eau froide pour les gens de ſervile condition ; quand ils ſurnageoient, ils paſſoient pour innocens. Tout cela s'appelloit *jugement de Dieu.*

Electeurs : leur origine eſt incertaine.

On la rapporte à Othon III. l'an 997, à Frederic II. mort en 1250, & enfin à Rodolphe d'Hapsbourg, Chef de la Maison d'Autriche.

La Bulle d'or, publiée par Charles IV. en 1346, a fixé le nombre des Electeurs à 7, & à la paix de Munster en 1648, on en fit un huitiéme. L'Empereur Leopold y en ajoûta un neuviéme en 1698.

Les Electeurs Ecclesiastiques font l'Archevêque de Mayence Chancelier de Germanie, l'Archevêque de Cologne Grand-Chancelier d'Italie, celui de Treves Grand-Chancelier des Gaules.

Les Electeurs Seculiers font le Roi de Boheme, le Comte Palatin du Rhin, le Duc de Saxe & le Marquis de Brandebourg, le Duc de Baviere & le Duc d'Hanovre.

Elephant : l'an 43 Claude Tib. Néron fut élu Empereur, & peu après, dans les jeux qu'il donna au peuple, fit voir un éléphant dansant sur la corde.

Eminence : titre que le Pape Urbain VIII. donna aux Cardinaux le 10 Janvier 1630, au lieu de celui d'Illustrissime & de Reverendissime.

Echecs : on dit que ce fut Palamede qui inventa les échecs & l'échiquier pendant le siege de Troye : mais selon Polid. Virgile, ce fut un nommé Xerxés, homme sage & vertueux, qui voulant corriger d'une maniere ingénieuse la cruauté d'un tyran, inventa ce jeu, pour lui faire connoître qu'un Roi sans la force & le secours de ses sujets, ne peut se soutenir, & est toûjours exposé à être pris, comme le roi dans le jeu des échecs, si on ne l'en garantit en le couvrant d'un pion ou de quelque autre piece. Ce qu'il y a de vrai, c'est que ce jeu est très-ancien.

Jason célèbre Jurisconsulte, s'étoit dès sa jeunesse si fort adonné à ce jeu, qu'il donna une fois en gage son Code à un Usurier, pour avoir de quoi y joüer. On remarque une chose de lui fort singuliere : il vendoit ses conseils au poids de l'or, *i. e.* fort cher : mais à condition que si les Consultans perdoient leur Cause, il leur rendroit ce qu'il avoit reçu d'eux.

Ecriture : Seth troisième fils d'Adam, mort l'an du Monde 1042, donna les premiers principes des Lettres & des Sciences, qui se transmirent par Noé & ses fils à toutes les Nations Ainsi ce n'est donc pas Moïse, comme quelques-uns le prétendent, qui est l'inventeur des Lettres ou Caracteres de l'écriture, & beaucoup moins les Pheniciens, à qui L'icain en attribuë la gloire.

Phænices primi. fama si creditur, ausi
Mansuram rudibus vocem signare fi-
guris.

Il y a plus d'apparence qu'ils les ont apprises des Hebreux, & les communiquérent aux Grecs, d'où elles passérent aux Egyptiens, par le moyen de Mercure Trismegiste.

Esculape devint si fameux Medecin, qu'on en fit un Dieu. Ciceron en reconnoît 3. Celui-ci fils d'Apollon, inventeur de la sonde & de l'art de penser les playes; le 2 étoit frere du 2 Mercure, & le 3 étoit fils d'Arsipe & d'Arsinoë; on attribuë à ce dernier l'invention des purgations & de l'art d'arracher les dents.

Epices, viennent de ce qu'une partie ayant gagné son procès, s'avisa, pour remercier son Juge, de lui donner des boëtes de dragées & de confitures, qu'alors on nommoit *Epices* : un 2, puis un 3, un 4 & plusieurs autres le voulurent imiter. Ainsi ces reconnoissances se sont établies. V. *Mezeray*, Vie de Loüis XII. sur la fin.

Le même Auteur remarque un peu plus haut, que Charles VIII. faisoit tous les ans un fonds de six mille écus pour payer l'expédition des Arrêts, afin que la Justice se rendît gratis. Ce fond ayant été volé par un Commis, & le Roi, à cause des guerres qu'il avoit à soutenir, se trouvant hors d'état d'en faire un autre, quelqu'un lui fit entendre que les parties ne seroient point *grevées*, de payer ces expéditions.

En effet elles ne coûtoient que six blancs ou trois sols la piece : mais depuis cette dépense s'est augmentée.

Etats : les Etats de France n'étoient autrefois compofez que de l'Eglife & de la Nobleffe : mais on y donna entrée au Peuple dans la III. Race; & c'eft Philippe le Bel, qui le premier mit cette invention en ufage, parce que le Peuple ne fupportant pas fans murmure les levées qu'on faifoit fur lui, on ordonna qu'en chaque Senéchauffée & Bailliage, le Peuple députât certaines perfonnes pour déliberer fur les befoins de l'Etat.

Etriers : il n'y en avoit encore du tems de Charlemagne. V. *H. Salmuch* fur Pancirole. Il eft certain qu'on n'en voit point aux ftatuës équeftres ni fur les Médailles. C'eft pour cela que les Romains étoient fujets à des maux de jambes, comme l'a remarqué Gallien, & avant lui Hippocrates a dit la même chofe des Scythes, qui fouffioient des fluxions fur les jambes.

Feu : les Poëtes en font l'inventeur Promethée, 2074 du monde. Diodore dit que ce furent les Cabires, qui en apprirent l'ufage aux hommes. Mais on l'a eu longtems avant ces prétendus inventeurs, puifque fans le feu Tubalcain n'auroit pû travailler le fer & l'airain.

Feu Gregeois : il fut inventé par Callinicus l'an 660, qui par ce moyen brûla la Flotte des Sarafins, fous Conftantin Pogonat. Ce feu augmente fa violence dans l'eau. Jufqu'en 940 ce fecret a été ignoré des autres Peuples.

Filles de France : il y a 400 ans qu'on les appelle *Mesdames*, & les Petites Filles de France *Mesdemoiselles*.

Jeux Floreaux : ils furent instituez l'an 1324 à Toulouse ; la même année Arnaud Vidal de Castelnaudari remporta le premier prix : il y en a trois, un pour un Poëme, le second pour une Eglogue, & le troisiéme pour une Ode.

Flute : Pan passe pour l'inventeur de cet instrument :

Pan primus calamos cera conjungere plures

Instituit.

Quelques-uns l'attribuent à Apollon, & d'autres à Cibele. *Euseb. in 2. prap. Evang.*

Foulon : ce fut un nommé Licias fils d'Hermias de Megare, qui a inventé le métier de Foulon. *Idin.* Cet Auteur dit que ce sont les Lydiens de la Ville de Sardes qui ont les premiers trouvé le secret de teindre la laine, & Justin veut que ce soit les Atheniens qui avoient trouvé celui de la filer : mais Polidore Virgile croit, avec plus de vraisemblance, que c'est Minerve, qui a long-tems vécu parmi eux, qui le leur a appris.

Cette Minerve à cet égard pourroit, avec verité, avoir été prise pour Noéma, fille de Lamec, sœur du Jubal, &c. qui trouva l'art de filer la laine, d'en faire des habits, auffi-bien que de fil : car auparavant les habits n'étoient que de peaux d'animaux.

France : les Gaules n'ont été appellées France, que vers l'an 495, quoique les Fra...es, Peuples Germains, y fuffent entrez dès l'an 420, & même auparavant : mais ce fut au tems qu'ils choifirent Pharamond pour leur Roi. *Boffuet.*

Langue Françoife : elle eft compofée de la Langue Celtique & de la Latine, introduite par les Romains, & de la Tudefque apportée par les Francs ; d'autres ajoûtent la Grecque. C'eft de ces 3 ou 4 Langues que le François s'eft formé dans l'efpace de XIII. fiecles.

Frein & Harnois des chevaux : Pline dit qu'un certain Pelethronius les inventa, *l. 7. c.* 56 : mais felon Virgile & avec plus d'apparence, ce furent les Lapithes, qu'il appelle *Pelethronios*, d'une Montagne de Theffalie, nommée *Pelethronius*, où l'on commença à dompter les chevaux. *Georg.* III. *v.* 115.

Funebre : on attribuë l'Oraifon Funebre à Solon, qui vivoit du tems de Tarquin Roi des Romains, vers l'an 3470. Augufte n'avoit que 12 ans quand il fit la Harangue Funebre de fon ayeule Julia.

Fufeau à filer a été trouvé par Clofter fils d'Arachné.

Gabelle : les Romains levoient un impôt sur le sel. *Leg. 11. Cod. de Vectig.*

En 1280, cette imposition commença sous Philippe le Bel ; Charles V. ordonna que ce droit seroit levé à perpetuité. C'étoit alors peu de chose.

C'est Philippe de Valois, mort en 1350, qui a institué les Greniers à Sel, & qui en a interdit le trafic au peuple.

Gladiateurs : Constantin abolit en 325 les combats des Gladiateurs en Orient, & Theodoric Roi des Ostrogots en Occident l'an 500, parce que c'étoit des plaisirs inhumains, & de cruels divertissemens.

Grammaire : Epicure, mort l'an 3702, l'a enseignée le premier, au rapport de Diogene Laërce ; & à Rome un certain Cratès, qui fut envoyé au Senat par le Roi Attalus.

Gravûre des Planches qui fournit les Estampes fut trouvée en 1460 par Maso Finiguerra, Orfévre de Florence. Les Anciens n'avoient pas cet art, quoiqu'ils eussent celui de graver sur des pierres, dont on en conserve de très-achevées.

HARENG : ce fut au commencement du XIV. siecle que Bukeldius Flamand, trouva le secret de saler & d'encaquer les Harengs, & s'est par là immortalisé.

La pêche du Hareng est le plus grand trafic & la meilleure mine d'or des Provinces-Unies ; c'est ce qui enrichit tant de Familles, & qui occupe plus de vingt mille

Familles en Hollande & en Zelande.

Hermite, élu & couronné Roi malgré lui. Les habitans de Tripoli en Barbarie s'étant revoltez contre le Roi de Tunis, en élûrent un autre, qui peu de tems après fut empoisonné, & ensuite forcerent un Hermite à prend e la couronne & le Roïaume, ou il commanda jusqu'à ce que Pierre de Navarre se fût emparé de la Ville & eût pris le Roi, qui fut conduit en Sicile, & depuis renvoyé en son Hermitage par Charle Quint.

Heures : Hermès Trismegiste fut le premier qui divisa le jour en **12** heures & la nuit en autant, sur l'observation du Cinocephal, qui jette son urine **1 2** fois par jour & autant la nuit. Les heures qui partagent le jour en 24 parties égales, ont été inconnuës aux Romains avant la I. Guerre Punique, c'est-à dire, l'an du monde 3740.

Historien : le premier de tous les Historiens sans contredit est Moïse, mort l'an du monde 2524 : car Cadmus de Milet n'est venu que long-tems après lui, ainsi il n'est que le premier entre les Grecs qui ait composé une Histoire.

Varron, comme chacun sçait a divisé la durée Monde en trois periodes, le *tems incertain*, qui comprend l'espace de tems qui s'est écoulé depuis qu'il y a des hommes jusqu'au Déluge ; le *tems fabuleux*, qui commence au Déluge, & finit à la I. Olympiade ;

Olympiade ; le *tems historique*, celui qui s'est écoulé depuis la I. Olympiade.

Jeune homme devenu blanc en une nuit ; c'étoit un homme de qualité appellé D. Diégo Osorio, qui ayant été découvert par l'aboyement d'un chien, comme il se glissoit la nuit dans la chambre d'une fille d'honneur de la Reine d'Espagne, fut pris & conduit en prison, où ayant appris qu'il avoit été condamné à perdre la tête, le chagrin qu'il en eut, fit une si forte impression sur lui, qu'il en devint blanc comme un cigne. Ce changement si subit lui sauva la vie ; car le Roi dit qu'il étoit assez puni par là, & ordonna qu'on le mit en liberté le 20 Août 1490. *Adrianus Junius.* Sur un accident pareil, Martial a dit :

> *O nox quam longa est, qua facit una senem.*

Horloge : les horloges solaires ont été inventez un peu avant le regne d'Alexandre par le Chaldéen Berose, ou selon d'autres, par Aristarque de Samos, qui inventa aussi l'hemisphere.

Les Hebreux en ont eu long-tems aupavant, puisqu'Achas vivoit plus de 400 ans avant Alexandre, vers 3291.

Horloges à roües : l'Inventeur de ces horloges est un nommé Pacificus Archidiacre de Veronne, qui vivoit du tems de Lothaire fils de Loüis le Debonnaire dans le IX. siecle.   K

L'horloge du Palais est la premiere grosse horloge qui ait été faite à Paris. Charles VI. mort en 1422, fit venir d'Allemagne Henri de Vic pour la faire.

Hôpital : le premier dont on ait connoissance a été bâti par Hircam à Jerusalem, selon Joseph.

Hymne le premier qui ait composé des Hymnes, fut S. Hilaire Evêque de Poitiers, mort en 309.

C'est le même S. Hilaire qui a fait le reste du *Gloria in excelsis* ; le Pape Thelesphore, qui a ordonné qu'on le chantât, n'en avoit fait que le commencement.

IDOLATRIE l'origine en est incertaine : mais on croit que Nemrod ou Belus est le premier homme dont on ait fait un Dieu.

Inquisition : le Pape Innocent III. en a jetté les premiers fondemens, à l'occasion de l'hérésie des Vaudois. Innocent IV. érigea un Tribunal aux Inquisiteurs, qui n'en avoient point auparavant. L'Espagne y fut entierement soumise du tems de Ferdinand & d'Isabelle en 1448, sous prétexte de purger le Royaume du Mahometisme & du Judaïsme ; & en Portugal l'Inquisition fut établie sur le modele de celle d'Espagne en 1535.

Imprimerie : je ne conçois pas comme de sçavans hommes ont pû se tromper sur l'invention de ce bel Art. J'en ai rapporté

ailleurs la veritable hiſtoire (Geograph.
Univerſ. au mot *Mayence.*) Je dirai ſeulement ici avec Naudé, qu'il eſt encore à
naître qui puiſſe dire avoir vû des livres
imprimez par Guttembert ou par Mantel,
auparavant ou au même tems que ceux de
Jean Foſt. Guttembert fut ſeulement ſon
Aſſocié. V. le Commentaire d'H. Salmuth,
ſur Pancirol, au chap. de *Typographia.*

L A M P E : on doit aux Egyptiens l'invention des lampes ou flambeaux pour
éclairer.

Laquais : l'an 1623, le Parlement de
Paris condamna à mort un laquais qui
avoit paſſé ſon épée au travers du corps
d'un pauvre mendiant; il fut conduit au
gibet avec une épée au cou, & il fut défendu à toutes ſortes de perſonnes de laiſ-
ſer porter des épées à leurs laquais : depuis on leur a auſſi défendu de porter des
cannes.

Lettres ou *Caracteres* : Moïſe inventa
les lettres Hebraïques, Abraham les Syria-
ques & les Chaldaïques ; les Pheniciens
celles d'Attique, dont Cadmus apporta
l'uſage en Grece, & les Pelaſges le portérent en Italie. *Crinitus.* V. *ci-deſſus Ecriture.*

Litanie : ce mot, ſelon Du Cange, ſignifie proceſſion. Ce fut à l'occaſion d'une
peſte qui ravageoit Rome l'an 590, que
S. Gregoire Pape indiqua une Litanie ou

Proceſſion à 7 bandes, du Clergé, des Religieux & Religieuſes, & des Laïques de tout âge & de tout ſexe.

Litieres : l'invention en eſt venuë des Rois de Bithinie. *Ciceron.* Elles étoient fort en uſage chez les Romains, comme le ſont aujourd'hui les chaiſes à porteur. La difference des conditions étoit marquée par le nombre des porteurs, qui alloit quelquefois juſqu'à huit.

Livre : ce mot vient du Latin *Liber*, qui eſt la ſeconde peau des arbres ſur laquelle on écrivoit, & dont on faiſoit des Livres, qui étoient roulez en forme de petites colonnes. Les Livres de figure quarrée n'ont preſque point été en uſage avant Ceſar.

Livrée : Onomaus fut le premier qui inventa les couleurs *vertes & bleuës* pour les Quadrilles du Cirque, pour repreſenter les combats de terre & de mer. Ce pourroit bien être là l'origine des Livrées qui diſtinguent les Familles aujourd'hui.

Logique : Zenon d'Elée, Maître de Pericles, mort en 3543, fut l'inventeur de la Logique, & Ariſtote y apporta la derniere main : celle de Platon, ſelon Dacier, eſt la plus naturelle.

Loy : Cerès paſſe pour la premiere Legiſlatrice du Monde (après Moïſe) s'il en faut croire Ovide, *Metam.* 5.

Prima dedit leges, Cereris funt omnia munus.

Car, outre l'invention de cultiver la terre, elle donna des Loix aux hommes pour leur apprendre à régler leurs mœurs felon la juftice & l'équité. *Diodore*, & *Virg.* 4. *Æneid.*

———————— *Mactant de more bidentes Legiferæ Cereri.*

L'établiffement des Loix eft fort fage, les hommes d'eux-mêmes n'étant pas capables de fe porter au bien, il a fallu les y contraindre. Chryfipe définit la Loi un don de Dieu. mais on n'y fait pas plus d'attention qu'aux autres. Ainfi

La définition des Loix par un autre Philofophe (Anacharfis) ne fe vérifie que trop. Il difoit que c'étoit des toiles d'araignées, où il n'y a que les mouches qui fe prennent : mais les frelons paffent à travers & les rompent fans obftacle : c'eft à-dire, que les riches & ceux qui ont la force en main, fe mocquent des Loix.

Lunettes ou *befitles*, dont l'invention eft du XIII. fiecle, depuis l'an 1280 jufqu'en 1311. On l'attribuë à Alexandre Defpina Jacobin ; il la trouva par fes réflexions, ayant appris que celui qui avoit touvé ce fecret, ne le vouloit pas communiquer.

Si on en peut croire Plaute, elles font bien plus anciennes ; voici le paffage, quoique je sçache que quelques-uns n'y ajoûtent pas foi.

Vitrum cedo, necesse est conspicilio uti.

Je demande donc à ceux qui font d'avis contraire, ce que peut signifier *Conspicilium*, qu'une lunette ou un verre propre à groffir les objets.

Le telefcope ou lunette de longue vûë, n'eft pas de l'invention de Jacques Metius (1607) comme l'a crû Defcartes, c'eft Zacharias Janfen ou Joannides, qui eft le vrai inventeur du Telefcope & du Microfcope, 1609. *P. Borel.*

Le Microfcope, felon d'autres, eft dû à Drebbel, païfan du Nort-Holland, qui a auffi inventé le Thermometre, qu'on attribuë auffi à Robert Flud.

Lutte : cet exercice eft un des cinq Jeux Olympiques ; les 4 autres font la Courfe ; le Difque ou Palet, le Saut & le Pugilat ; ils fe célébroient tous les 4 ans, auprès de la Ville d'Olympie, aujourd'hui *Longanica*, & le victorieux remportoit le prix qu'on y diftribuoit. C'eft de la célébration de ces jeux que font venuës les Olympiades, dont chacune étoit de 4 ans.

Les Hiftoriens ne comptent pour 1 Olympiade que celle où Corebus fut couronné, 110 ans apres le rétabliffement de ces jeux par Iphitus, 776 avant J. C.

Lyre : on ne connoît pas trop cet inftrument : cependant on en voit fur les

Médailles. On en attribuë l'invention à Orphée, déchiré par les Bacchantes l'an 2789; d'autres à Linus, à Mercure & à Apollon : mais elle est bien plus ancienne; car l'Ecriture nous apprend que Tubal l'inventa pour adoucir les fatigues du travail par ses sons harmonieux.

MACARONNÉE, piéce de Vers en stile burlesque, qui a pris naissance chez les Italiens. Elle est composée de mauvais Latin, d'Italien, de François & d'Espagnol. Theophilus Folengius Moine Benedictin de Mantouë, a été le premier qui a, sinon trouvé & inventé, au moins cultivé cette sorte de Poësie.

Il publia la Macaronnée sous le nom de Merlin Coccaye avant l'année 1520. Naudé dans son Mascurat. Exemple,

Enflavi omnes scadrones & regimandos, &c.

Magie : Zoroastre passe pour l'inventeur de la Magie : c'étoit un célebre Philosophe qui s'acquit, dit-on, par ses prédictions l'Empire des Bactriens; il fut vaincu par Ninus Roi des Assyriens. *Euseb. in præp. Evang. & Plin.*

Majesté : ce titre autrefois n'étoit pas si commun qu'il l'est aujourd'hui. Ce n'est, selon Pasquier, que sous le Regne d'Henri II. qu'il est devenu tel. On traitoit anciennement le Roi d'*Excellence* ou de Monsieur Roi.

Ce qu'il y a de vrai, c'est qu'auparavant Charle-Quint, on ne donnoit au Roi d'Espagne que le titre d'*Altesse*.

Aux Etats d'Orleans, on ne voulut point permettre à la Reine Catherine de Médicis de prendre le titre de Majesté.

Maison : Un certain Doxius, à l'exemple des Hirondelles, est le premier qui a bâti des maisons de bouë.

Mappemonde : Anaximandre, disciple & successeur de Thalès, fut le premier qui fit des Cartes Geographiques appellées Mappemondes, & qui enseigna la Geographie : il vivoit l'an 747 avant J. C.

Maréchaux de France : cette Dignité ne fut pas d'abord à vie ; ils n'étoient que les premiers Ecuyers du Roi sous le Connétable. Depuis, ils en devinrent les Lieutenans, dont l'emploi étoit à peu près celui de Maréchaux de Camp d'aujourd hui.

Ils n'étoient que deux dans le commencement ; sous Philippe de Valois, mort l'an 1350, leurs appointemens étoient de 500 livres pendant la guerre, & rien pendant la paix.

Il n'y en avoit eu que 4 sous Charles VII. mort en 1461, & furent réduits à 2 sous Charles VIII. François I. par la necessité de ses affaires, en créa jusqu'à cinq, & enfin Loüis XIV. en accrut beaucoup le nombre.

Marin : homme marin ; on en prit un

en

en Illyrie sous le Pontificat d'Eugene IV.
mort en 1447.

Sous l'Empereur Maurice, qui mourut
602, on vit dans le Nil un homme & une
femme marine, qui se laissèrent voir hors
de l'eau pendant 3 ou 4 heures, jusqu'au
nombril.

En 1526, on en prit un en Frise, un
autre dans la Mer Baltique en 1531.

En 1720, il en parut un sur le Banc
de Terre-Neuve, qui fut apperçû par Jean
Martin Pilote, & par Guillaume Laumos-
ne Contre-Maître du Navire la Marie de
Grace, qui a déposé ce fait au Greffe de
l'Amirauté d'Honfleur.

En 1564, des Pecheurs en l'Isle de Ma-
nar, distante de 200 lieuës de Goa, pri-
rent 7 tritons & 9 sirenes, faits dans toutes leurs parties comme des hommes &
des filles, dont le sein étoit aussi-bien
arondi qu'aucune vierge le puisse avoir.
Un de ces Pêcheurs l'ayant pressé, il en
sortit du lait ; l'un & l'autre sexe se trou-
voit en ces tritons & sirenes, ne diferant
en rien, ni exterieurement ni interieure-
ment de celui de l'homme & de la femme :
la partie d'en-bas se terminoit en poisson.
Le P. Fournier en son Hydrograph.

Marquette : droit que les femmes
payoient autrefois au Roi & aux Seigneurs,
pour se racheter d'une infame & bizare
coutume, qui les obligeoit à passer la pre-

miere nuit de leurs nôces avec leurs Seigneurs.

Malcome III. Roi d'Ecoffe l'abolit, &
ordonna que le mari donneroit un denier
d'or au Seigneur.

En Angleterre il n'y avoit que les femmes de condition fervile, qui fuffent fu-
jettes à cette coutume. Selon Papon &
Boërius, ce droit a été en ufage en France.

Martin : c'étoit l'Abbé d'une Abbaye
appellée *Afello*, qui avoit fait écrire fur le
portail de fa maifon :.

Porta patens efto , nulli claudatur
honefto.

Mais l'Ouvrier par mégarde ou par
ignorance avoit mis le point après *nulli*;
ce qui donnoit un fens tout contraire. Le
Pape paffant par là, fut indigné de cette
incivilité, & le priva de fon Abbaye.

Le fucceffeur fit reformer cette mauvai-
fe ponctuation du vers , auquel il ajoûta
le fuivant :

Pro folo punĉto caruit Martinus Afello.

Mais à caufe que ce mot Italien *afello*,
fignifie en François *âne*, on a ainfi tour-
né le proverbe. Pour un point Martin per-
dit fon âne , au lieu de dire fon Abbaye.
Cardan.

Mafcarade : ce mot vient de *Mafcara*,
qui en Touloufain, fignifie charbonner,
barboüiller.

Mafque : on tient que c'eft Popée femme de Neron, qui inventa le masque pour conserver la délicatesse de son teint contre le Soleil. Les femmes ne commencérent à en porter que vers la fin du XVI. siecle. *Brantome.*

Medecine : Diodore veut que Mercure ait inventé cet Art en Egypte ; d'autres disent que c'est Apis Roi d'Egypte, connu sous le nom d'Osiris. Clement d'Alexandrie assure qu'elle a pris naissance en Egypte, & qu'Esculape n'a fait que la perfectionner ; c'est pour cela qu'on le déifia l'an du monde 2785. On le fait inventeur du cure-oreille & des lunettes.

D. Pierre de S. Romuald dit qu'il est plus clair que le Soleil, qu'Adam est l'inventeur de la Medecine, & le premier Medecin du monde, fondé sur sa science infuse, & sur la connoissance qu'il avoit de la vertu & de la proprieté de toutes les plantes & les simples. *Trésor Chronol.*

L'an 535, Archagathus du Peloponese fut le premier qui exerça la Medecine à Rome : mais parce qu'il employoit le fer & le feu pour guérir les playes, on le traita de bourreau, & dans la suite Caton le Censeur chassa de la Ville & de l'Italie tous les Medecins.

La Medecine n'a été introduite en France que long-tems apres le commencement de la III. Race de nos Rois & sous Loüis VII.

Mer : les Tyriens furent les premiers qui oférent fe mettre dans un frefle vaiffeau à la merci des vagues, qui domptérent l'orgueil de la mer, & ruinérent tant de peuples que la mer avoit feparez. *Fen.*

Merlufine, étoit une Comteffe de Lufignan, fort abfoluë, & qui commandoit à tous fes Sujets avec une telle autorité, que lorfqu'elle leur envoyoit des lettres ou patentes fcellées de fon fceau ou cachet, fur lequel étoit gravé une firéne, il ne falloit fonger qu'à obeir abfolument; & c'eft de là qu'on a pris fujet de dire qu'elle étoit magicienne, & qu'elle fe changeoit quelquefois en firéne. *Naudé dans fon Maf-cur.*

Metempficofé, que Tertullien appelle *reciprocation des ames*, a pour auteur Hermes & Zoroaftre. Cette monftrueufe opinion fut embraffée long-tems après par Pitagore [3400 du monde] & des Egyptiens elle a paffé dans l'Orient & dans les Indes. *Chevreau.*

Mines : le 27 Février 1503 le Comte P. de Navarre fit fauter en l'air le Château de l'Oeuf à Naples. C'eft lui, felon Paul Jove, qui eft l'inventeur des mines.

Miroir : les miroirs ont été connus des Anciens. On voit dans Ariftophane qu'ils avoient des miroirs ardens de verre. Praxiteles en fit un d'argent du tems du Grand Pompée. On en fait de fer, de plomb, de criſtal, de verre, &c.

Chez les Hebreux les femmes ſe ſervoient de miroirs d'airain pour ſe coëffer. *Exod. c. 38. v. 8.*

L'an 1589, Philippe II. Roi d'Eſpagne fit faire deux miroirs avec un tel artifice, que celui qui ſe miroit au premier s'y voyoit en vie, & celui qui ſe regardoit en l'autre, s'y voyoit mort, avec autant de faces que le jour a d'heures.

Mitrons : Garçons Boulangers, ainſi appellez, parce qu'ils portoient des bonnets en forme de mitre.

Mithridate ou contrepoiſon : on en trouva la recette dans les coffres de Mithridate, écrite de ſa main. Galien l'a tranſcrite dans ſon deuxiéme livre des Antidotes.

Monnoye : on tient que Janus fut le premier qui fit marquer une monnoye d'airain : cependant Joſeph ſemble en attribuer l'invention à Caïn ; & ce n'eſt que vers l'an du monde 2110, que l'Ecriture Sainte fait mention des mille piéces d'argent données par Abimelech à Sara, & des 400 cicles d'argent qu'Abraham donna, au poids, aux enfans d'Ephron.

On n'en a frappé d'or à Rome que vers l'an 647 de ſa fondation. *Plin.* & d'argent vers l'an 483, dont la marque étoit un chariot à 2 ou à 4 chevaux.

On marqua la monnoye d'airain, ou de

la figure d'une brebis, ou d'un bœuf, ce qui la fit appeller *pecunia*.

Monsieur ni *Monseigneur*, n'étoient point en usage chez les Romains; ils ne connoissoient point de titre de parade ni de flatterie, soit en se parlant, soit en s'écrivant; ils ne se donnoient que leurs propres noms, même après que Cesar eut soumis la République. Caligula est le premier qui se fit appeller *Dominus*.

Montre: un Horlogeur ayant fait une montre d'or sonnante si petite qu'on la pouvoit aisément porter comme un pendant d'oreille, en fit present à l'Empereur Charle-Quint l'an 1543.

Moulin: l'usage de la meule & du moulin fut trouvé, selon Pausanias, par Myleras fils de Méléges I. Roi de Lacedemone; d'autres en font honneur à Cerès. Cependant Polid. Virgile dit qu'il n'a pu découvrir l'inventeur d'une machine si utile.

Les moulins à nef sont de l'invention de Belisaire General de l'Empereur Justinien; ce fut au siege de Rome, qu'il soutint par ce moyen pendant un an contre Vitiges Roi des Goths.

J'avoue que j'ignore ce que c'est que moulin à nef; mais Procope, suivi de Blondus, dit que Belisaire est l'inventeur des moulins à eau.

Les moulins à vent sont plus récens; ils viennent de la Grece, où le manque d'eau les a fait trouver. C'étoit sur la fin du XII. siecle, que Celestin III. les déclara sujets à la dixme.

Mousquet : Covarruvias dit que ce mot vient du *Moscovite*, & que cette arme a été inventée par les Moscovites.

M. Papin en a inventé un à vent, qui se décharge par la raréfaction de l'air. J'en ai vû un chargé d'une petite balle de plomb percer un ais épais d'un doigt.

Mulet : on n'a commencé à en voir que vers le tems de David, qui nâquit l'an du monde 2889.

Theophraste & Pline disent que les mules sont fécondes en Phrygie; en Syrie, en Cappadoce & en Afrique.

Musette : cet instrument a été inventé par les Lydiens.

Musique : *Plin. l. 7. & Euseb. præpar. Evang. l. 2.* nous apprennent qu'Amphion en a été l'inventeur ; on ajoûte même qu'il apprit de Mercure à joüer du luth & des autres instrumens, au son desquels il bâtit la Ville de Thébe ; peu de personnes ignorent la verité de cette fable.

On dit que Pithagore est le premier qui ait réduit en art la Musique : pour celle qui est en usage aujourd'hui, on en est redevable à Gui Aretin Religieux Benedictin (1022) qui en recitant l'Hymne de S. Jean *Ut queant laxis*, &c. trouva dans la premiere syllabe de chaque vers les six notes *Ut*,

Re, *Mi*, *Fa*, *Sol*, *La*.

NAVIGATION : plusieurs croyent que Janus a été l'inventeur des Navires, à cause qu'il y en avoit un marqué sur le revers des plus anciennes monnoyes de Grece, de Sicile & d'Italie.

Thucidides & Libavius attribuent cette invention aux Corinthiens, d'autres aux Pheniciens.

Si nous en croyons Pline *l. 5. c. 12. &* 19. ces derniers font les inventeurs de 5 chofes, des Lettres, de l'Aftrologie, de l'art de naviger, de fairela guerre, & de la maniere de bâtir des Villes. V. ces articles ailleurs.

Mais s'il faut remonter à la veritable fource des chofes, nous trouverons que Dieu, ainfi qu'il a été remarqué, a lui-même enfeigné la navigation aux hommes, en inftruifant Noé de toutes les dimenfions de l'Arche. *Genef. 6. 14.*

Noble : fous les deux premieres Races de nos Rois, la France étoit occupée par des perfonnes libres, qui avoient fous elles, à la maniere des Romains, de veritables efclaves ou ferfs.

Sous la troifiéme Race, on trouva qu'à la referve des Grands Seigneurs & des poffeffeurs de Fiefs, toute la France étoit devenuë mainmortable, & qu'elle a été foumife a la fervitude de corps & d'heritage : c'eft ceux qu'on appelloit *Adfcriptitios co-*

Ionos, parce qu'ils étoient attachez aux terres qu'ils cultivoient.

Il y a néanmoins encore des mainmortables en plusieurs Provinces de France, qui ne peuvent ni aliéner leurs terres, ni se marier hors du lieu sans le consentement de leur Seigneur.

Nourriture : celle des premiers hommes n'étoit que d'herbes & des fruits des arbres jusqu'au tems de Noé, c'est-à-dire, environ 200 ans après le Déluge, qu'ils ont mangé de la chair des animaux.

Les OBELISQUES ne servoient pas seulement à embellir une place, mais encore à immortaliser les Heros. Le premier qui ait été élevé, le fut par Ramesses Roi d'Egypte, qui vivoit pendant le siege de Troye (1811.) Il étoit de 40 coudées : 20000 hommes y furent employez.

On appelle les Obelisques les doigts du Soleil, parce qu'ils servoient de stile pour marquer les heures sur la terre. D'Egypte l'usage en passa à Rome.

Odes : Ronsard est le premier Poëte qui ait fait des Odes en François ; Malherbe y a excellé, & après M. Rousseau, &c.

Or : c'est Cadmus, selon Pline, qui a trouvé le secret de fondre l'or pour le mettre en œuvre. Il y a eu deux Cadmus : le premier Roi de Thebes, & l'autre étoit de Milet. V. *Historien*.

Oranges : les oranges viennent de la

Chine. Le premier & unique oranger duquel on dit qu'elles font toutes venuës, fe conferve encore à Lisbonne, dans la Maifon du Comte de S. Laurent, & c'eft aux Portugais que nous fommes redevables d'un fi excellent fruit ; c'eft pour cela qu'on les appellent Oranges de Portugal.

Orgues : Jubal fils de Lamech, inventa les orgues & la harpe : ainfi Pline & Diodore fe font trompez ; le 1 en faifant Amphion inventeur de la harpe, & le 2 en donnant cette gloire à Apollon, qui y mit 7 cordes. Ce qu'il y a de vrai, c'eft que les orgues font fort anciennes.

Le Roi Pepin étant à Compiegne l'an 752, reçut des Ambaffadeurs de l'Empereur Conftantin, les orgues que ce Prince lui envoya, & ce furent les premieres que l'on vit en France.

Archimede, tué en 3779, & Vitruve font la defcription des orgues, fans parler de l'inventeur ; cet inftrument nous vient de la Grece.

Il y a des orgues hydrauliques dont on attribuë l'invention à Crefibius, qui étoit en réputation fous Ptolomée Evergette, 3760.

Oftracifme : banniffement politique chez les Grecs, des perfonnes dont la trop grande puiffance étoit fufpecte au peuple, qui devoit être au nombre de 6000 pour opiner, autrement l'Oftracifme étoit nul, il duroit dix ans. Il est vrai que dans les Républiques, on prend aisément ombrage des vertus qu'on admire :

Auſſi-tôt qu'un ſujet s'eſt rendu trop
puiſſant,
Encor qu'il ſoit ſans crime, il n'eſt pas
innocent. Corn.

PAIN : Bartholin dit qu'en Norvege on fait du pain qui ſe garde 30 ou 40 ans, & qu'on y eſt plus friant de pain dur, qu'on ne l'eſt ailleurs de pain tendre.

Il eſt fait de farine d'orge & d'avoine, & eſt cuit entre deux cailloux : on le garde pour les grands feſtins ; de ſorte qu'à la naiſſance d'un enfant, on mange du pain qui a été cuit à la naiſſance de ſon ayeul.

Il en eſt à peu près de même en Allemagne à l'égard du vin. Quand on marie un jeune homme ou une jeune fille, on donne ordinairement aux Conviez du vin de l'année de leur naiſſance.

Pain-benit : on en fixe l'inſtitution au VIII. ſiecle dans le Concile de Nantes.

Pairs de France : on dit qu'ils ont été inſtituez par Loüis le Jeune, pere de Philippe Auguſte, vers l'an 1179, & qu'ils en firent les premieres fonctions au Sacre de ſon fils ; c'eſt l'opinion la plus probable.

Il y en avoit 12, 6 Ducs & Pairs, & 6 Comtes & Pairs, dont 6 Eccleſiaſtiques & 6 Laïques.

L'Archevêque de Reims, les Evêques de

Laon & de Langres font Ducs & Pairs. Les Evêques de Noyon, de Chalons fur Marne & de Beauvais font Comtes & Pairs.

Les Ducs de Bourgogne, de Normandie & d'Aquitaine étoient Pairs Laïques, & les Comtes de Flandres, de Champagne & de Toulouse Comtes & Pairs.

Il n'y a plus que les Ecclefiaftiques qui fubfiftent; les autres, à la referve de la Flandres, qui vint au pouvoir de Charle-Quint, ont été réünis à la Couronne.

Pallium : eft un ornement Pontifical, fans lequel les Archevêques ne peuvent pas faire leurs fonctions. Le premier des Evêques de France qui l'ait eu, fut Vigile Archevêque d'Arles; il lui fut accordé par S. Grégoire, à la priere de Childebert II.

Palmier, forte de cocos, eft un arbre des Indes, qui fournit generalement à tous les befoins de la vie; fon fruit fert de nourriture (le vin qu'on en tire par une fente qu'on fait à l'écorce) de boiffon, & de fa feconde peau on en fait des étoffes pour fe couvrir, & fon bois à bâtir des maifons, &c.

Pape : ce titre a été commun à tous les Evêques jufqu'à l'XI. fiecle, que Gregoire VII. ordonna qu'il appartiendroit feulement à l'Evêque de Rome, comme une prerogative & diftinction particuliere.

Papier : les Anciens fe fervoient pour écrire, d'une plante qui croit en Egypte, nommée *Papirus*, d'où est venu le mot de papier : mais on ignore le nom de l'inventeur du papier dont on se sert aujourd'hui. *Polid. Virg.* Les Allemands ont commencé à le coller.

Paulette : droit ainsi appellé de Charles Paulet, qui a été le premier inventeur & le premier Fermier de ce droit en 1604. Mademoiselle Paulet dont parle tant Voiture, étoit sa fille.

Peinture : on l'attribuë à Sarugné en 1850, & qui a vécu 230 ans, auſſi-bien que la Sculpture. Voici ce qu'on rapporte d'ailleurs.

Les Egyptiens ont dit l'avoir chez eux depuis 6000 ans avant qu'elle paſſât en Grece ; & les Grecs en font inventeurs les Sicyoniens.

On a commencé cet art par tracer la figure d'un homme ſur ſon ombre au Soleil. *Quintilien.*

On ne peignoit qu'avec des lignes tracées ſur le bois : enſuite on y employa les couleurs inventées par Cleophante de Corinthe, & le pinceau par Apollodore d'Athenes. Tout cela eſt bien obſcur.

En 3621, floriſſoit Lyſiſtratus, qui apprit l'art de peindre par ſa propre induſtrie, & l'enſeigna à Zeuxis. *S. Romuald, Treſor Chronol.*

On ne peignoit d'abord que ſur des tables de bois, c'eſt de là que vient le mot de tableau, *à tabellâ*. Dans la suite on se servit de toile, plus commode & sujette à moins d'inconveniens.

Il paroît que la peinture jusqu'à Jean de Bruges, n'a été qu'en détrempe : en 1410, ce Peintre trouva le secret de peindre à huile.

Perle : les grosses perles sont appellées Parangon, comme celle de Cleopatre qui valoit cinq cens mille écus.

En 1574, on en apporta une à Philippe II. grosse comme un œuf de pigeon, taillée en poire, estimée 14400 ducats.

L'Empereur Rodolphe avoit une perle Parangon, grosse comme une poire muscade, pesant 300 carats, appellée la *Peregrina* ou l'*Incomparable*.

Perruque : on n'a commencé à porter des perruques longues en France qu'en 1629, & les Ecclesiastiques depuis 1660. L'Abbé de la Riviere, depuis Evêque de Langres, a été appellé le Patriarche des Perruquets.

La *Pêche* & la *Chasse* : selon Eusebe, les Pheniciens sont les premiers peuples qui s'y soient appliquez.

Philosophie : cette science, comme toutes les autres, vient des Hebreux, & elle n'a passé en Grece, que plus de mille ans après Moïse.

Pythagore est le premier qui s'est nommé Philosophe ou amateur de la sagesse, trouvant le nom de *Sage*, que ceux qui l'avoient précedé se donnoient, trop fastueux, persuadé qu'il n'y a que Dieu qui merite ce nom.

La Dialectique est de l'invention de Zenon, & la Morale de Socrates.

La Phisique : Thalès est le premier qui ait cultivé la Phisique, & étudié la conduite & les secrets de la Nature. On peut dire que cette science étoit bien brute avant le célebre Descartes.

Pile : joüer à *croix* ou *pile* : cela vient d'une monnoye chez les Chrétiens, qui étoit marquée d'un côté d'une croix & de l'autre d'une pile, qui étoit un navire, d'où vient le mot de *Pilote*, & d'où vient encore le proverbe, *il n'a ni croix ni pile*, pour dire qu'un homme n'a point d'argent.

Pistolet : arme ainsi appellée, parce qu'elle a été inventée à Pistoye, Ville d'Italie, l'an 1545. On s'en servit, 1°. en France, puis en Allemagne. *Larrey Hist. d'Angleterre.*

Playes : le secret de succer les playes n'est pas nouveau. Machaon fils d'Esculape, succa la playe que Menelaüs reçut de la fleche de Pandarus.

On connoissoit dans ces premiers tems l'utilité de succer les playes, pour les nettoyer, & pour empêcher la corruption.

Eustate rapporte que de son tems (XII. siecle) parmi les Nations les plus barbares, on pratiquoit ce remede qui réüssissoit ordinairement. *Madame Dacier* sur un vers d'Homere.

Aujourd'hui on n'oseroit s'en servir en sûreté de conscience. Il semble cependant que rien n'est si naturel.

Poësie : on peut dire que son origine est celeste, puisque Moïse, le plus ancien de tous les Poëtes, étoit inspiré de Dieu, lorsqu'après le passage de la Mer Rouge, il fit un Cantique en vers, en action de graces à Dieu, d'avoir affranchi son Peuple de la tyrannie des Egyptiens.

Ovide même reconnoît cette origine, puisqu'il a dit 3. *de art. amand.*

Est Deus in nobis, sunt & commercia cœli.

La Poësie est même plus ancienne que Moïse, selon M. Huet Evêque d'Avranche, & il ne doute pas qu'Adam n'ait appris cet art à ses descendans. *Demonst. Evang.*

Ainsi il faut chercher les premiers Poëtes, non dans le Paganisme, mais parmi le Peuple de Dieu. Outre les Poëtes qui ont vécu avant le Déluge, Moïse, Job, David & d'autres Prophetes, ont été les premiers Poëtes.

La Poësie Françoise a commencé vers le tems de Loüis VII. mort en 1180, & de Philippe Auguste, mort en 1223. P. Abailard est un des premiers; Guillaume de Lorry, Auteur du Roman de la Rose, commencé sous le Regne de S. Loüis, selon

lon Naudé, & achevé 40 ans après par Jean de Mehun, dit Clopinel, du tems de Philippe le Bel, &c. Malherbe l'a portée au point de perfection où elle est maintenant.

Poterie : les vases de terre font les premiers uftenciles dont on s'eft fervi, puifque l'art de fondre les métaux n'eft venu que long-tems après.

On dit que c'eft Anacharfis Philofophe Scythe, qui a trouvé la rouë dont les Potiers de terre fe fervent ; mais elle eft bien plus ancienne, puifqu'il en eft fait mention dans Homere, mort 306c.

Poudre à canon. V. ci-devant *Canon.*

Pourpre : les Tyriens en attribuent l'invention à Hercules : en allant voir une fille qu'il aimoit, le chien qui le fuivoit ayant mangé des coquillages qu'il trouva fur le bord de la mer, en eut la gueule teinte d'une couleur très-vive, très-belle & inconnuë jufqu'alors.

La belle charmée de cette couleur, fit entendre à Hercules, qu'elle ne le recevroit plus chez elle, qu'il ne lui eût apporté un habit teint en pourpre. Comme rien n'eft impoffible à l'amour, Hercules eut bien-tôt trouvé le fecret de fatisfaire cette fille. *Pol. Virg.*

On raconte la chofe autrement, & on dit qu'étant arrivé au chien d'un Berger la même chofe qu'à celui d'Hercules ; ce

Berger essuya cette couleur avec de la laine, dont il se fit une espece de couronne, & que ceux qui le virent au Soleil, crurent que des rayons de feu sortoient de sa tête.

Hyram Roi de Tyr n'en fut pas plûtôt averti, qu'il ordonna qu'on lui amenât ce Berger, & ayant admiré cette couleur éclatante, en voulut avoir une pareille de ses Teinturiers. Ainsi Hiram est le premier des Rois qui ait porté la pourpre. *Chevreau Hist. du Monde.*

Ce secret n'est pas perdu comme plusieurs croyent, mais c'est qu'on a trouvé le moyen d'en faire de plus belle & a moins de frais, avec de la cochenille ou de la graine d'écarlate.

On trouve encore de ces poissons en Amerique : & la plus grande richesse de Nicoya est encore à present la teinture de pourpre. V. *Thomas Gage.*

Prison : le premier qui en a établi une pour renfermer les criminels, a été Ancus Martius Roi des Romains, *Tite Live* : mais Eutrope l'attribuë à Tarquin le Superbe, aussi-bien que tous les attirails dont on se sert pour punir les méchans; les chaînes, les fers, &c.

Quadran : Anaximene disciple de Thalès, fut le premier qui fit un quadran solaire à Lacedemone. *Pline*; & Vitruve est le premier qui en a laissé par écrit la conſtruction. Cet Auteur floriſſoit l'an 3951.

RAVE : on a trouvé au Perou, dans la Vallée de Cuſapa, une ſi prodigieuſe rave, qu'il fallut cinq chevaux pour la tranſporter d'un lieu en un autre, & qui étoit cependant fort tendre & fort bonne. *Hiſt. de Incas.*

Remede : il y a pluſieurs remedes dans la Nature que nous tenons des animaux. On a connu la vertu du Dictam, par l'uſage qu'en font les cerfs, quand ils ſont bleſſez d'une fleche, & ils en mangent pour faire ſortir de leur corps le fer du trait ou de la fleche qui les a bleſſé. Ciceron attribuë la meme choſe aux chevres. *De natur. Deor.*

Les cerfs mangent encore des écreviſſes ou cancres, pour ſe garantir du poiſon d'une eſpece d'araignée ou d'autres animaux veneneux, dont ils ont été mordus.

La tortuë mange de la fariete, pour ſe guerir de la morſure des ſerpens.

Le lierre eſt un remede ſouverain pour les ſangliers, quand ils ſont malades.

La ſaignée nous a été enſeignée par l'hippotame ou cheval marin ; quand ceux qui ſont dans le Nil, ſont incommodez, ils ſortent de ce Fleuve, cherchent le roſeau le plus pointu, & s'en ouvrent la veine de la jambe, & par l'effuſion de leur ſang recouvrent leur ſanté ; ils ont ſoin après cela de boucher la playe avec du limon ou terre graffe. J'ai déja parlé ci-deffus du clyftere.

Roman : ce mot fignifioit autrefois beau langage, qui étoit compofé du Romain & du Gaulois.

Aujourd'hui, il fignifie les Livres fabuleux, qui contiennent des hiftoires ou des avantures d'amour & de Chevalerie.

Les Anciens ont eu les leurs ; & l'on en fait auteur Dearque difciple d'Ariftote.

Héliodore Evêque de Tricca, dans le IV. fiecle, eft auteur du Roman de Theagene & de Cariclée.

M. Huet croit que les Orientaux font les auteurs des Romans.

Les Provençaux fe diftinguérent par la fertilité de leur imagination, & tranfportérent cette paffion à l'Efpagne & à l'Italie. On dit que le mot de *Troubadours* ; qui eft le nom des Poëtes Provençaux, fignifie inventeur.

Les Romans commencérent à fe mettre en vogue fous le Regne de Philippe le Bel, vers l'an 1314. Guarin Loherenfe eft le plus ancien Roman que nous ayons en notre Langue.

Rofe d'or : On dit que le IV. Dimanche de Carême, les Papes beniffent une rofe d'or, qu'ils donnent à quelques Princeffes, pour montrer que l'or & la beauté ne font pas de même durée, l'un étant incorruptible & l'autre non.

LA SATYRE a pour auteurs chez les Grecs Demetrius de Tharse & Menippus, d'où une sorte de satyre a été appellée *Menippée* ; & chez les Latins, Lucilius, Horace, Perse & Juvenal ; & parmi nous Regnier & Despreaux : ce dernier genre de satyre est une censure mordante des mœurs.

Sculpture : les uns veulent que ce soit un nommé Dibutad potier de Sicyone qui en soit l'inventeur : on dit même que c'est sa fille, qui remplie de l'image de son amant, en fit le premier essai par le secours du métier de son pere, en faisant la figure de son amant avec de la terre.

Les autres prétendent que c'est dans l'Isle de Samos que cet art a pris naissance, où un Ideocus & un Theodore, qui l'inventérent, avoient fait des ouvrages long-tems avant qu'on parlât de Dibutad.

Les idoles de Laban, qui vivoit en 2193, avant J. C. 1778 ans, & le veau d'or des Israëlites, font voir que cet art est fort ancien.

Demaratus pere du premier Tarquin, le porta en Italie, en menant avec lui Eucirape & Eutigrame, excellens ouvriers en cet art l'an 3380.

Il est du moins certain que la terre a été la premiere matiere dont on ait fait des statuës : Adam en est un exemple ; lorsque Dieu voulut le créer, il prit de la ture, il en forma une figure & l'anima: ainſi le premier deſſein de la figure humaine vient directement de Dieu. *Geneſ. c.* 1.

Il y a même lieu de croire que les arts ſont un don de Dieu; car quand Moïſe voulut faire travailler au Tabernacle, il dit que Dieu avoit choiſi Beleſéel, & qu'il l'avoit rempli de ſageſſe, d'intelligence, de ſcience & d'une parfaite connoiſſance. *Exod.* 35. 31.

On éleva d'abord une ſtatuë à Dieu, pour ſe le repreſenter d'une maniere plus particuliere, quoique ce ſoit un pur Eſprit, qui ne ſe peut figurer ni en marbre ni en or.

Après on en éleva aux Grands Hommes pour en conſerver la memoire, & exciter les autres aux actions vertueuſes. *Saluſt.*

La premiere ſtatuë d'or maſſif qu'on ait vû, fut celle que Gorgias Leontinus ſe fit dreſſer dans le Temple de Delphe; & la premiere d'argent celle que Pharnaces fils de Mitridate ſe fit faire, & que Pompée apporta à Rome en triomphe. *Plin.*

Et la premiere ſtatuë équeſtre qu'on ait vû en Italie, eſt celle que M. Attilius Glabrio fit élever à ſon pere. *Val. Maxim. l.* 2.

Selle à cheval: les Romains ne s'en ſervoient point, comme on le voit à la ſtatuë équeſtre d'Antonin au Capitole. Goropius Becanus en attribuë l'invention aux François Saliens, d'où il dit qu'eſt venu le nom de *ſelle.*

Servietes ouvrées, furent inventées dans le XVII. siecle par André Graindorge, natif de la Ville de Caën.

Sire: ce nom qu'on donne aujourd'hui au Roi seul, comme une marque de souveraineté, vient de *Tzur*, ou de *Sur*, qui est le nom de la Ville de Tyr, dont les habitans sont nommez *Surim*, comme si on ne pouvoit faire plus d'honneur à un Roi qu'en l'appellant *Syrien*.

On prétend même que le mot de Tyran, dont autrefois la signification n'étoit pas odieuse, vient de la même source.

Pour entendre ceci, on se souviendra que les richesses & les magnificences de cette fameuse Ville ont été si grandes, qu'elle a été appellée la Reine des Villes. *Chevreau Hist. du Monde.*

Dans le chap. 23 d'Isaïe, elle distribuë les couronnes à ses habitans, & ses marchands y sont nommez *Princes*. *Ibid.*

Souffer à souffler le feu, est de l'invention du Philosophe Anacharsis de Scythie. *Strabon.*

Soye: Pamphila fille de Platis, trouva la premiere l'art de mettre la soye en œuvre. Ce fut dans l'Isle de Cos.

Les Romains qui en eurent bien-tôt connoissance, la négligerent : aussi pendant plusieurs siecles, elle fut d'une grande rareté.

Enfin l'an 555, deux Moines venant

des Indes, en apporterent des œufs de vers à foye, avec la maniere de la faire.

L'origine de la foye fe doit chercher chez les Seres, Peuples d'Afie, au Nord de la Chine, d'où vient le mot de *Sericum*, étoffe de foye ; & il y a apparence que le cotton en vient aufli : Virgile femble le dire par ce vers. *2. Georg.*

Velleraque ut foliis depectant tenuia Seres.

Ces toifons qu'on prenoit fur les arbres, ne font autre chofe que le cotton.

Sphere : Anaximandre a paffé pour inventeur de la Sphere : mais Saumaife croit que c'eft parce qu'il connut que le Ciel étoit fpherique : car Pline dit que ce fut Atlas qui inventa la Sphere. Celui-ci étoit un grand Aftronome ; c'eft pourquoi la Fable a feint, qu'il foutenoit le Monde avec fes épaules : il vivoit vers l'an 2363.

D'autres en font honneur au Philofophe Mufée, qui a précedé Homere ; c'eft lui qui nous en a laiffé la conftruction. Celle d'Archimede eft affez connuë, elle fuivoit, dit-on, le mouvement des Aftres.

TABAC : herbe que les Efpagnols trouvérent premierement à Tabaco, Province de Jucatan, dans l'Amerique, dont il lui donnerent le nom.

Hermades de Tolede eft le premier qui l'envoya en Efpagne & en Portugal.

Tour

Tout le monde fçait pourquoi on a appellé cette plante *Nicotiane* ou *Herbe à la Reine.*

Une Bulle d'Urbain VIII. excommunie ceux qui prennent du tabac dans l'Eglife. Aujourd'hui, on n'a pas honte d'y en raper.

Tablettes : les Anciens s'écrivoient les uns aux autres fur des tablettes, d'où vient le mot de *Tabellarius* , porteur de lettres.

Le Maréchal de Biron le pere portoit ordinairement des tablettes, & y marquoit tout ce qu'il voyoit & oyoit de bien. On difoit à la Cour, quand quelqu'un difoit quelque chofe : Tu as trouvé cela dans les tablettes de Biron. Et le Greffier, fou du Roi Henri, juroit quelquefois par les divines tablettes de Biron. *Brantôme.*

Tailles : Droit Seigneurial : fous Charles VI. elles étoient de 40000 livres; fous Charles VII. de 180000, felon M. de Sully. Sous Loüis XI. de 4740000 : fous Charles VIII. à près de fix millions : fous Loüis XII. jufqu'à 764000. *Mafcurat.*

C'eft S. Loüis qui a le premier levé la Taille.

Le premier *Temple* qui ait été bâti au vrai Dieu, eft celui de Salomon. Dieu fit dire à David d'en laiffer le foin à fon fils, parce qu'il ne lui convenoit pas d'élever un Temple avec des mains teintes du fang des ennemis.

N

M. Piénud, qui a supputé ce que coutoit ce Temple, le fait monter à la somme de 3288178902 livres de notre monnoye.

Theriaque : Andromaque le pere, Medecin de l'Empereur Neron, en est l'inventeur. Il en fit la description en vers élégiaques.

Toile : C'est Pallas ou Minerve, née en 2177, qui a trouvé l'art de filer & de faire de la toile. *V.* ce qui a été dit de Noëma fille de Lamech.

Tragedie : Horace en attribuë l'invention à Thespis, & Quintilien à Eschyle : les Atheniens appelloient ce dernier le pere de la Tragedie.

Jodelle, selon Pasquier, est le premier auteur de la Tragedie en France. Corneille & Racine, qui sont venus après, n'ont & n'auront peut-être jamais d'égaux.

Le mot de Tragedie vient du Grec *Tragos*, bouc, parce qu'on en donnoit un pour récompense au Poëte qui avoit le mieux réüssi, ou selon quelques-uns, une outre de vin, faite de la peau d'un de ces animaux.

Cela paroît assez vraisemblable : car les Poëtes ne haïssent pas le vin ; témoin le bon Horace, qui croyoit que sans le secours de cette liqueur, on ne pouvoit rien produire de bon : *Siccis omnia nam dura Deus proposuit.*

Triomphe : honneur que les Romains accordoient à un General victorieux. C. Duillius obtint le premier triomphe naval pour avoir gagné une bataille contre les Carthaginois, l'an 493 de Rome, 258 avant J. C.

Ces triomphes dans la suite furent superbes & magnifiques. Aussi étoit-ce une des trois choses que S. Augustin auroit souhaité de voir, J. C. conversant parmi les hommes, Ciceron haranguant, & un Consul Romain triomphant dans Rome.

Trompette parlante, qui se fait entendre de mille pas. On dit que l'usage en est moderne, & que c'est le Chevalier Morlan Anglois qui l'a trouvée. Cependant le P. Kircher dit qu'Alexandre s'en servoit pour se faire entendre de son armée.

Trône : celui du Mogol est si orné de pierres précieuses, qu'on estime leur valeur cent soixante millions.

Tubereuses : les premieres sont venuës de Perse. Le sçavant M. de Peiresc y envoya un Minime qui les apporta de ce païs : ainsi il est le premier en France qui ait eu de ces fleurs.

Tuiles, sont une invention de Cinyra fils d'Agriope de l'Isle de Cypre. *Plin.*

Tulipe : ce mot est de Turquie, aussi-bien que la fleur. La Tulipomanie a fait vendre un seul oignon de tulipe trois cens pistoles.

Verre : il a été trouvé par hazard ; des Marchands qui voituroient du nitre sur le Fleuve Belus, étant descendus sur le rivage pour y repaitre, & n'y trouvant aucunes pierres pour soutenir leur marmite sur le feu, mirent dessous des quartiers de nitre.

Ce nitre étant fondu conjointement avec le sable par la violence du feu, on vit couler pour la premiere fois des ruisseaux d'une liqueur transparente, qui en se refroidissant, devint ce qu'on appelle du verre. *Plin. l. 36. c. 26.* On place cette invention à l'an du monde 3100.

Quoiqu'il en soit de la verité de cette narration, il n'est pas vraisemblable qu'on eut été jusqu'alors sans quelque matiere vitrifiée ; la cuisson des briques & la fonte des métaux, pratiquée dès les premiers tems, donnant occasion pour l'ordinaire à differentes fortes de vitrifications.

C'est ce que Mrs. les Journalistes de Paris ont dit à l'occasion d'une Dissertation sur le verre, par M. Gnilius, & traitent de conte cette histoire de Pline. Je ne veux pas le justifier : mais je ne sçaurois m'empêcher de dire qu'avec ces belles raisons, on peut douter de tout.

Vers : Baudoin & du Ryer avoient fait un marché avec un Libraire pour lui fournir des vers à quatre livres le grand cent, & à quarante sols quand ils étoient petits.

L'*Université de Paris* n'a pas commencé sous Charlemagne, comme quelques-uns le disent : mais sous Loüis le Jeune dans le XII. siecle, & sous Philippe Auguste son successeur.

F I N.

A P P R O B A T I O N.

J'Ai lû par ordre de Monseigneur le Garde des Sceaux, un Manuscrit intitulé : *Tableau du Monde, ancien & moderne divisé en trois Parties* ; & je crois qu'on peut en permettre l'impression. A Paris ce 3 Septembre 1729.

LANCELOT.

à tous Libraires, Imprimeurs & autres personnes de quelque qualité & condition qu'elles soient, d'en introduire d'impression étrangere dans aucun lieu de notre obéissance : A la charge que ces Présentes feront enregistrées tout au long sur le Registre de la Communauté des Libraires & Imprimeurs de Paris, dans trois mois de la date d'icelles ; que l'impression de ce Livre sera faite dans notre Royaume & non ailleurs, & que l'Impetrant se conformera en tout aux Reglemens de la Librairie, & notamment à celui du 10 Avril 1725 ; & qu'avant que de l'exposer en vente, le Manuscrit ou Imprimé qui aura servi de copie à l'impression dudit Livre, sera remis dans le même état où l'Approbation y aura été donnée, ès mains de notre très-cher féal Chevalier Garde des Sceaux de France le Sieur Chauvelin, & qu'il en sera ensuite remis deux Exemplaires dans notre Bibliotheque Publique, un dans celle de notre Château du Louvre & un dans celle de notredit très-cher & féal Chevalier Garde des Sceaux de France le Sieur Chauvelin ; le tout à peine de nullité des Présentes : Du contenu desquelles vous mandons & enjoignons de faire joüir l'Exposant ou ses ayans-causes pleinement & paisiblement, sans souffrir qu'il leur soit fait aucun trouble ou empêchement : Voulons qu'à la copie desdites Présentes qui fera imprimée tout au long au commencement ou à la fin dudit Livre, foi foit ajoûtée comme à l'Original ; commandons au premier notre Huiffier ou Sergent, de faire pour l'execution d'icelles, tous Actes requis & neceffaires, fans demander autre Permiffion, & nonobftant Clameur de Haro, Charte Normande & Lettres à ce contraires : CAR tel eft notre plaifir. DONNE' à Verfailles le feiziéme jour du mois de Septembre, l'an de grace mil fept cent vingt-neuf. Et de notre Regne le quinziéme. Par le Roi en fon Confeil. SAINSON.

Regiftré fur le Regiftre VII. de la Chambre Royale & Syndicale de la Librairie & Imprimerie de Paris, N°. 429, fol. 372, conformément au Reglement de 1723, qui fait défenfes, art. IV. à toutes perfonnes, de quelque qualité qu'elles foient, autres que les Libraires & Imprimeurs, de vendre, debiter & faire afficher aucuns Livres pour les vendre en leurs noms, foit qu'ils s'en difent les Auteurs ou autrement, & à la charge de fournir les Exemplaires prefcrits par l'art. CVIII. du même Reglement. A Paris le vingt Septembre mil fept cent vingt-neuf. P. A. LE MERCIER, *Syndic.*

De l'Imprimerie de Claude Simon.